Vorwort

W0229089

Zeremonielle, Rituale, Tabus, magisches Denken, aber auch Zwänge gehören in den meisten Kulturen zum Alltagsleben und zur menschlichen Entwicklung. Obwohl das Zwanghafte oder Ritualisierende kulturell sanktioniert ist, wirkt die Zwangsstörung befremdlich, bizarr und andererseits auch faszinierend auf die Therapeuten. Zwangsphänomene regten immer wieder zu verschiedenen Theoriebildungen und Behandlungsansätzen an. Die Zwangsstörung galt bis Ende der 70er Jahre hinein als seltene Störung, war weder überzeugend erklärbar noch einer effektiven psychiatrischen oder psychotherapeutischen Behandlung zugänglich. Diese Situation hat sich in den letzten 15 Jahren deutlich verändert. Durch das Zusammenspiel von neurobiologischer Forschung und neuen Entwicklungen in der Psychopharmakotherapie und Verhaltenstherapie ergaben sich wesentliche Verbesserungen der therapeutischen Versorgung. Die verhaltenstherapeutische Behandlung von Patienten mit Zwangsstörungen ist inzwischen Standard geworden, aber auch die neuen Ansätze der psychiatrischen Pharmakotherapie erlauben eine wesentlich gezieltere und effektivere Behandlung von Zwangsstörungen. Als optimal wird inzwischen die Kombination zwischen Verhaltenstherapie und Pharmakotherapie angesehen. Die Synopsis von psychiatrischem, psychosomatischem und verhaltenstherapeutischem Wissen ist Voraussetzung für den Fortschritt in der Therapie von Zwangsstörungen.

Trotz aller Fortschritte ist die Diagnose und Therapie von Zwängen weiterhin ein äußerst mühevolles Unterfangen. Die moderne Therapie der Zwangsstörung erfordert ein aktuelles Wissen über die diagnostischen, theoretischen und therapeutischen Grundlagen der Zwangsstörung. Ziel der Herausgeber war es daher

- den aktuellen Forschungsstand praxisnah und therapierelevant darzustellen. Das Buch soll anwendungsorientiert sein, d.h. der bereits erfahrene Psychiater, psychotherapeutische Mediziner, Psychologe oder Psychotherapeut sollte in dem Buch genügend Hinweise und Hilfen für eine eventuell effektivere Therapie finden können; ebenso soll es ein vertieftes Verständnis für die besonderen Schwierigkeiten in der Diagnostik oder im Umgang mit den Patienten vermitteln.
- Das Buch soll aber auch dem Anfänger eine leicht verständliche Einführung sein und ihm helfen, sein Wissen zu aktualisieren und zu vertiefen.

Anlaß, das Buch zu konzipieren und zu schreiben, war die 2. Windacher Zwangstagung 1997. Die Entstehung des Buchs verdanken die Herausgeber der Anregung und Unterstützung des Schattauer Verlags, wobei hier besonders Herrn Dr. Wulf Bertram zu danken ist. Der Firma Lilly (Frau Tanja Voichtleitner) danken wir für ihre großzügige Unterstützung. Die Bearbeitung wurde in hervorragender Weise von Frau Hein und Frau Menke bewerkstelligt. Ihnen gilt unsere besondere Anerkennung. Zuletzt möchten wir noch den engagierten Mitautoren (Frau Dr. Sabine Bossert-Zaudig, Frau Dr. Paraskevi Mavrogiorgou und Herrn Dr. Nico Niedermeier) für ihre exzellenten Beiträge danken, die das Buch noch facettenreicher und informativer gestalteten.

Windach, im Frühjahr 1998

Michael Zaudig
Walter Hauke
Ulrich Hegerl

Die Zwangsstörung

Diagnostik und Therapie

Herausgegeben von

Michael Zaudig
Walter Hauke
Ulrich Hegerl

Unter Mitarbeit von

Sabine Bossert-Zaudig
Paraskevi Mavrogiorgou
Nico Niedermeier

Mit 9 Abbildungen
und 16 Tabellen

 Schattauer Stuttgart
New York

Die Deutsche Bibliothek – CIP Einheitsaufnahme

Die **Zwangsstörung** : Diagnostik und Therapie ; mit 16 Tabellen / hrsg. Von Michael Zaudig ...
Unter Mitarb. Von Sabine Bossert-Zaudig ... - Stuttgart : Schattauer, 1998
 ISBN 3-7945-1841-1

In diesem Buch sind die Stichwörter, die zugleich eingetragene Warenzeichen sind, als solche nicht besonders kenntlich gemacht. Es kann also aus der Bezeichnung der Ware mit dem für diese eingetragenen Warenzeichen nicht geschlossen werden, daß die Bezeichnung ein freier Warenname ist.

Hinsichtlich der in diesem Buch angegebenen Dosierungen von Medikamenten usw. wurde die größtmögliche Sorgfalt beachtet. Gleichwohl werden die Leser aufgefordert, die entsprechenden Prospekte der Hersteller zur Kontrolle heranzuziehen.

Das Werk ist urheberrechtlich geschützt. Alle Rechte, insbesondere das Recht des Nachdruckes, der Wiedergabe in jeder Form und der Übersetzung in andere Sprachen, behalten sich Urheber und Verlag vor.

Kein Teil des Werkes darf in irgendeiner Form ohne schriftliche Genehmigung des Verlages reproduziert werden. Das gilt insbesondere für Vervielfältigungen, Übersetzungen, Mikroverfilmungen und die Einspeicherung, Nutzung und Verwertung in elektronischen Systemen.

© 1998 by F. K. Schattauer Verlagsgesellschaft mbH, Lenzhalde 3, D-70192 Stuttgart, Germany
Printed in Germany

Lektorat: Sabine Fahrbach-Kunze M.A.
Umschlagabbildung: Zeichnung einer Patientin
Satz: Schreibbüro Ilchmann, Albstraße 30, 72649 Wolfschlugen
Druck und Einband: AZ Druck und Datentechnik GmbH, Kotterner Straße 64, 87435 Kempten/Allgäu
Gedruckt auf chlor- und säurefrei gebleichtem Papier.

ISBN 3-7945-1841-1

Inhalt

Anschriften der Herausgeber und Autoren

Dr. Dipl.-Psych. Sabine Bossert-Zaudig
Praxis für Verhaltenstherapie, Elisabethstraße 38/II, 80796 München

Dipl.-Psych. Walter Hauke
Psychosomatische Klinik Windach, Schützenstraße 16, 86949 Windach

Priv.-Doz. Dr. med. Ulrich Hegerl
Psychiatrische Klinik, Nußbaumstraße 7, 80336 München

Dr. med. Paraskevi Mavrogiorgou
Psychiatrische Klinik, Nußbaumstraße 7, 80336 München

Dr. med. Nico Niedermeier
Psychiatrische Klinik, Nußbaumstraße 7, 80336 München

Priv.-Doz. Dr. med. Michael Zaudig
Psychosomatische Klinik Windach, Schützenstraße 16, 86949 Windach

1 Definition und Beschreibung der Zwangsphänomene

Nico Niedermeier und Michael Zaudig

Zusammenfassung

- Sich zwanghaft aufdrängende Gedanken sowie ritualisierte Verhaltensweisen kommen ubiquitär vor.
- Eine Zwangsstörung liegt dann vor, wenn wiederholt Zwangsgedanken, Zwangsimpulse und/oder Zwangshandlungen auftreten.
- Unter der Bezeichnung „Zwangsgedanken" werden Gedanken, Vorstellungen und Impulse verstanden, die sich dem Menschen gegen seinen Willen aufdrängen und gegen deren Auftreten er sich vergebens wehrt.
- Durch Zwangsgedanken entsteht Anspannung, die die meist Betroffenen über gedankliche (Gedankenzwänge) oder über verhaltensbezogene (Zwangshandlungen) Rituale zu neutralisieren versuchen.
- Häufig können die Betroffenen im Laufe der Zeit die den Zwangshandlungen vorausgehenden Gedanken nicht mehr benennen und verspüren lediglich einen kaum überwindbaren Zwang, die Handlung auszuführen.
- Zwangshandlungen verlieren über die Zeit meist einen Teil ihrer entlastenden Wirkung, so daß Handlungsimpulse und Zwangshandlungen häufiger auftreten.

1.1 Einleitung

Den meisten Menschen sind Zwangsphänomene in der einen oder anderen Form bekannt. Jeder kennt plötzlich einschießende Gedanken wie „Habe ich die Türe abgeschlossen?" oder „Habe ich die Kaffeemaschine / den Herd ausgemacht?". Im Normalfall lösen solche Gedanken – zumindest kurzfristig – Unruhe oder Anspannung aus, die mittels gegensteuernder Gedanken neutralisiert oder unterdrückt werden („Bisher habe ich den Herd immer ausgemacht, also wird es auch diesmal so sein."). Ebenso bekannt ist die Erfahrung, daß, je mehr man den (Zwangs-)Gedanken zu verdrängen versucht, dieser um so hartnäckiger in das Bewußtsein zurückkehrt, und es entsteht der Zwang, die Spannung zu reduzieren und tatsächlich nachzusehen, ob z.B. der Herd wirklich ausgeschaltet ist. Sehr häufig zeigen Kinder sehr ritualisierte Verhaltensweisen. So etwa der bekannte Kuß der Eltern vor dem Zubettgehen oder der tägliche Blick hinter die Türe, ob sich auch sicher kein Gespenst im Kinderzimmer verbirgt. Solche Rituale dienen dazu, gefühlsmäßige und gedankliche Ordnung in das „Chaos Leben" mit all seinen Gefahren zu bringen. Zeitweilig geraten diese ordnenden Gedanken und Handlungen außer Kontrolle und schaffen für den Betroffenen verstärkt Angst und Unsicherheit. Dies ist dann der Fall, wenn die Gedanken nicht mehr kontrollierbar sind und hunderte Male pro Tag gedacht werden müssen oder Handlungsabläufe wie z.B. Händewaschen exzessiv wiederholt werden müssen. Die Betroffenen sind sich hierbei der Unsinnigkeit der Gedanken und Handlungen meist bewußt, können sich jedoch gegen die Gedanken nicht wehren, gleiches gilt für die Rituale. Dies wiederum führt, wie unschwer nachvollziehbar ist, zu Konzentrationsstörungen, Schlafstörungen, zu beruflichen Problemen und Einschränkungen und meist zu schwerwiegenden sozialen Beeinträchtigungen, wie z.B. in Partnerschaft, Ehe und sonstigen Beziehungen. Der Übergang von normalem Verhalten zu einem, das zwanghaft genannt wird, ist fließend. Der Beginn der eigentlichen Zwangsstörung ist für viele Betroffene nicht mehr nachvollziehbar und häufig auch vom Inhalt nicht verständlich. Die Betroffenen empfinden ihre Erkrankung selbst als merkwürdig, peinlich, schämen sich, verstecken sich, sind hilf- und ratlos. Bis in die 80er Jahre waren dies auch die meisten Ärzte und Therapeuten: Zum einen kannten sie das Krankheitsbild gar nicht, zum anderen waren sie ihm ebenso hilflos gegenübergestanden und vermittelten ein trostloses Bild über therapeutische Möglichkeiten. Dies änderte sich mit Beginn der 80er Jahre deutlich, insbesondere die Fortschritte in der Verhaltenstherapie und der Psychopharmakotherapie veränderten das Bild einer schwer behandelbaren Erkrankung hin zu einer gut therapierbaren Störung.

1.2 Allgemeine klinische Symptomatik

Im Vordergrund der klinischen Symptomatik stehen natürlich die Zwangsgedanken und Zwangshandlungen. Dennoch gibt es eine Reihe anderer klinischer Auffälligkeiten, die oft bei Patienten mit Zwangsstörungen vorkommen.

Auffällig sind die **formalen Denkstörungen**; sie stehen im Mittelpunkt des Krankheitsbildes. Dabei ist das Denken sowohl formal gestört (z.B. Einengung, Grübeln, ständiges Wiederholen der gleichen Abläufe, Weitschweifigkeit) als auch inhaltlich. Daneben zeigen die Patienten öfter auch eine **motorische Verlangsamung**, **Angst**, Anspannung, Verzweiflung und Unruhe. Nicht selten besteht auch ein **depressives Syndrom**. Im Hintergrund besteht bei der Zwangsstörung ein alles dominierender **Zweifel** (Jaspers 1973).

Klinisch betrachtet werden Zwänge im allgemeinen in **Zwangsgedanken ohne offene Zwangshandlungen** und **Zwangsgedanken mit offenen Zwangshandlungen** unterteilt (Rachman u. Hodgson 1980). Diese Einteilung hat für das psychologische Modell der Zwangsstörungen (Rachman 1978) eine wichtige Bedeutung, es unterstreicht die funktionale Bedeutung offener und verdeckter Zwangshandlungen als neutralisierende Verhaltensweisen (s. auch Kap. 6).

Zwanghafte oder neutralisierende Verhaltensweisen (**compulsions**) sind in der Regel stereotyp oder folgen idiosynkratisch definierten Regeln; sie sind mit vorübergehender Erleichterung oder der Vorstellung verbunden, daß die Angst gewachsen wäre, wenn das Ritual nicht ausgeführt worden wäre.

Am häufigsten finden sich Zwangsgedanken in Kombination mit Handlungen.

1.3 Zwangsgedanken (obsessions)

Definitionen

Zwangsgedanken sind lästige und aufdringliche Gedanken, bildhafte Vorstellungen und dranghafte Impulse. Personen, die solche Intrusionen erleben, betrachten sie in der Regel als abstoßend, unannehmbar, sinnlos und schwer zu verscheuchen. Zwangsgedanken können durch eine Vielzahl von auslösenden Reizen provoziert werden (Salkovskis u. Kirk 1986).

Nach AMDP – Arbeitsgemeinschaft für Methodik und Dokumentation in der Psychiatrie (1995) – lautet die Definition für das Zwangsdenken wie folgt:

- Immer wieder sich gegen inneren Widerstand aufdrängende Gedanken oder Vorstellungen, die als unsinnig erlebt werden. Sie lassen sich vom Patienten nicht oder nur schwer unterbinden.
- Als assoziierte Begriffe für Zwangsdenken (AMDP 1995) gelten Zwangsideen, -gedanken, -vorstellungen, -erinnerungen, -fragen, -grübeln, -befürchtungen. In der Regel werden Zwangsgedanken von den Betroffenen als unsinnig und quälend beschrieben, wobei sich jedoch fließende Übergänge zur erlebten Sinnhaftigkeit solcher Gedanken finden.

Rachman und Hodgson (1980) versuchten drei Untergruppen innerhalb der Zwangsgedanken zu unterscheiden:

- **Zwanghaftes Zweifeln**: Hierbei drängen sich dem Betroffenen wiederholt Gedanken auf, die sich auf eigene Handlungen bzw. deren Auswirkungen auf die eigene Person oder die Umwelt beziehen: z.B. „Habe ich die Haustüre abgesperrt?", "Habe ich gerade jemanden angefahren?".
- **Zwanghafte Impulse**: Bei dieser Untergruppe handelt es sich um Gedanken mit starkem Handlungsappell, meist sexueller oder aggressiver Natur, z.B. „Schreie los!". Zwanghafte Impulse werden fast nie tatsächlich ausgeführt, d.h. der Widerstand dagegen ist nahezu vollkommen.
- **Zwanghafte Vorstellungen oder Bilder**: Diese tauchen wiederholt im Bewußtsein des Betroffenen auf, auch hier finden sich gehäuft aggressive, sexuelle oder obszöne Inhalte.

Wie bereits Jaspers (1973) beschrieb, ist für das zwanghafte Denken ein alles dominierender **Zweifel** charakteristisch. Nichts ist sicher, alles muß bedacht, kontrolliert, überprüft werden. Ein Denkinhalt kann auch das ganze Leben bestimmen. Oft handelt es sich um abstrakte Vorstellungen oder auch magische Grundeinstellungen. Gedanken, Zahlenkombinationen, Farben, Dinge, Anordnungen müssen vermieden werden, weil sie Unglück bringen, ein falscher Gedanke kann Unglück bringen, töten. Nichts ist sicher, alles wird bezweifelt. Bei den **Zwangsimpulsen**, **Zwangseinfällen** und **Zwangsvorstellungen** handelt es sich um einschießende Antriebe oder Vorstellungen meist aggressiven oder sexuellen Charakters. Jaspers spricht von **Zwangsantrieb**: „Es ist durchaus gewöhnlich, daß die von solchen Phänomenen befallenen Individuen harmlosen Zwangsantrieben (z.B. Stühle verschieben, beschwörende Worte aussprechen) Folge leisten, dagegen folgenreichen, verbrecherischen, z.B. zum Mord eines Kindes oder selbstmörderischen (z.B. Drang, sich in einen Abgrund zu stürzen) Antrieben sich erfolgreich widersetzen. Die Zwangsantriebe sind z.T. als sekundäre Zwangshandlungen verständlich, die aus anderen Zwangsvorgängen hervorgehen" (Jaspers 1973).

Über die verschiedenen Inhalte von Zwangsgedanken findet sich in einem der gegenwärtig gebräuchlichsten Ratingverfahren für Zwangsstörungen, der Yale-Brown-Obsessive-Compulsive-Scale (Y-BOCS) eine übersichtliche Gliederung (Goodman et al. 1989; Hand u. Büttner-Westhphal 1991; s. auch Kap. 7). Unterschieden wird zwischen:

- Zwangsgedanken aggressiver Natur
- Zwangsgedanken, die sich auf Verschmutzung beziehen
- Zwangsgedanken mit sexuellem Inhalt
- Zwangsgedanken, die sich auf das Sammeln und auf das Aufbewahren von Gegenständen beziehen
- Zwangsgedanken mit religiösen oder solchen Inhalten, die ein schlechtes Gewissen erzeugen
- Zwangsgedanken, die sich auf Symmetrie oder Genauigkeit beziehen
- Zwangsgedanken in bezug auf den eigenen Körper
- andere verschiedene Zwangsgedanken

Am häufigsten kommen Zwangsgedanken vor, die sich auf Verschmutzung oder auf Symmetrie bzw. Genauigkeit beziehen. Seltener als in der psychoanalytischen Literatur beschrieben, sind aggressive und sexuelle Zwangsgedanken. Diese haben häufig einen impulshaften Charakter.

Beispiele für Zwangsgedanken

Inhalte	Zwangsgedanken
Befürchtungen bzgl. Verschmutzung:	Ich habe mich auf der Toilette mit Kot beschmutzt.
Befürchtungen bzgl. Infektion:	Ich habe mich mit AIDS angesteckt.
Kontrollbedürfnis (Wohnung):	Ich habe bestimmt den Herd brennen lassen.

Beispiele für Zwangsgedanken (Fortsetzung)

Inhalte	Zwangsgedanken
Kontrollbedürfnis (Arbeit):	Ich habe bestimmt einen Fehler gemacht.
Religiosität:	Ich werde von Gott bestraft werden.
Magisches Denken:	Wenn ich auf das Eck eines Pflastersteines trete, wird jemand sterben.
Aggressive Impulse:	Ich werde mein Kind töten.
Sexuelle Impulse:	Ich werde in der Öffentlichkeit masturbieren.

Wie oben erwähnt, werden Zwangsgedanken je nach Ausprägungsgrad und Inhalt zumindest als belästigend, zumeist jedoch als quälend empfunden. Als gefühlsmäßiges/körperliches Korrelat der Zwangsgedanken berichten die Betroffenen über Angst, Unsicherheit sowie eine starke körperliche Anspannung. Auf der Handlungsebene folgt initial zumeist der Versuch, Situationen aus dem Weg zu gehen, in denen solche Gedanken auftreten könnten. Dies hat zur Folge, daß ein Großteil der Betroffenen ein ausgesprochenes Vermeidungsverhalten (ähnlich dem bei Phobien) entwickelt.

Beispiele für Zwangsgedanken und Vermeidungsverhalten

Zwangsgedanken	Vermeidungsverhalten
Ich habe mich auf der Toilette mit Kot beschmutzt.	Öffentliche Toiletten meiden
Ich habe mich mit AIDS infiziert.	Krankenhäuser meiden
Ich habe bestimmt den Herd brennen lassen.	Zu Hause nichts mehr kochen
Ich habe bestimmt einen Fehler gemacht.	Briefe schreiben vermeiden
Ich werde von Gott bestraft werden.	Kirchen und Pfarrer meiden
Wenn ich auf das Ecke eines Pflastersteines trete, wird jemand sterben.	Wege mit Kopfsteinpflaster meiden
Ich werde mein Kind töten.	Alleinsein mit den Kindern vermeiden
Ich werde in der Öffentlichkeit masturbieren.	Öffentlichkeit vermeiden

Auf der gedanklichen Ebene versuchen die Betroffenen häufig, durch Gedanken-unterdrückung „aufdringliche Gedanken aus ihrem Kopf zu verbannen" (Salkovskis u. Kirk 1996), was erfahrungsgemäß das Gegenteil bewirkt. Ebenso suchen viele der Betroffenen durch Ablenkung auf gedanklicher oder Verhaltensebene ein Nicht-an-Zwangsgedanken-Denken zu erreichen. Dies führt in der Regel eher zu einem gehäuften Auftreten von Zwangsgedanken.

Zwischen diesen Vermeidungsstrategien und eigentlichen Zwangshandlungen findet sich ein fließender Übergang.

Beispiel für Zwangsgedanken
(ausführlich als Falldarstellung 2 in Kap. 2)

Frau S., eine 35jährige verheiratete Hausfrau und Mutter von zwei Töchtern, berichtet, an „Ängsten" zu leiden, ihren Kindern „etwas anzutun". Sie werde den ganzen Tag von Gedanken gequält, wie z.B. „Du könntest deine Kinder erstechen" oder „Vielleicht bist du eine Mutter, die ihre Kinder tötet". Obwohl sie diese Gedanken „pervers" finde und unter ihnen entsetzlich leide, gelinge es ihr trotz heftigsten Widerstandes nicht, diese sich ständig wiederholenden Gedanken zu unterdrücken oder zu verdrängen. Hierbei wisse sie, daß es sich bei diesen Gedanken um ihre eigenen Gedanken handle, was sie zusätzlich quäle. Folge der Gedanken seien furchtbare Schuldgefühle und eine „schier unerträgliche" Anspannung sowie eine permanente Angst, ob sie diese Gedanken nicht doch in die Tat umsetzen werde.

1.4 Zwangshandlungen (compulsions)

Definitionen

Zwangshandlungen sind häufig ritualisierte, z.T. stereotyp anmutende Handlungen, deren Nichtausführung dem Betroffenen subjektiv in der Regel nicht oder nur schwer möglich ist. Kann eine Zwangshandlung nicht ausgeführt werden, führt dies zu einem Anstieg von Anspannung und Angst.
Nach **AMDP** (1995) werden Zwangshandlungen wie folgt definiert:
Zwangshandlungen müssen aufgrund von Zwangsimpulsen oder Zwangsgedanken immer wieder gegen inneren Widerstand ausgeführt werden und lassen sich von Patienten nicht oder nur schwer unterbinden, obwohl sie als unsinnig erlebt werden.

Diese Definitionen tragen der Tatsache Rechnung, daß in zahlreichen, auch neueren Studien ein Teil der Patienten als rein von Zwangshandlungen betroffen beschrieben wird. Neuere Untersuchungen (Reinecker u. Zaudig 1995) weisen darauf hin, daß das Vorliegen einer Zwangshandlung ohne vorausgehenden bzw.

begleitenden Zwangsgedanken selten ist. Meist hat die Zwangshandlung initial ein klares Ziel, nämlich die aus einem Zwangsgedanken resultierende Anspannung oder Angst zu reduzieren (s. Abb. 1.1).

Ein Nichtausführen der Zwangshandlungen führt zumeist zu einem deutlichen Anstieg von Anspannung und Angst, was den „Zwang nach Ausführung" verstehbar erscheinen läßt.

Im Laufe der Zeit verliert sich häufig der Zusammenhang zwischen Zwangsgedanken und Zwangshandlung, was bedeutet, daß sich die Betroffenen der den

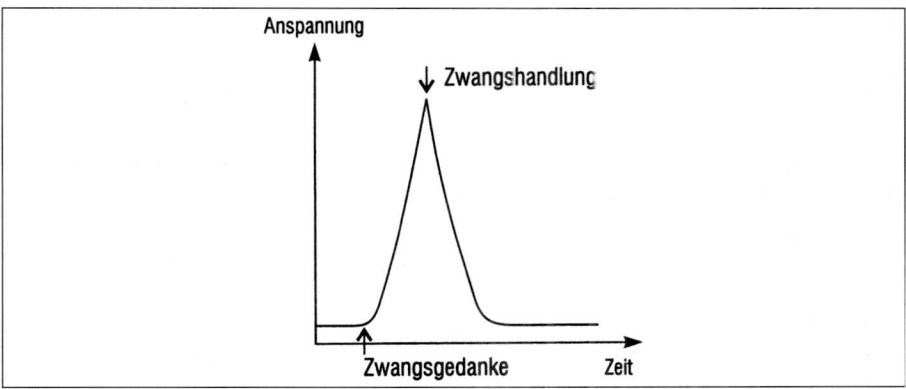

Abb. 1.1 Zusammenhang zwischen Zwangsgedanken und Zwangshandlungen: Spannungsanstieg durch Zwangsgedanken/Neutralisation der Anspannung durch Zwangshandlung.

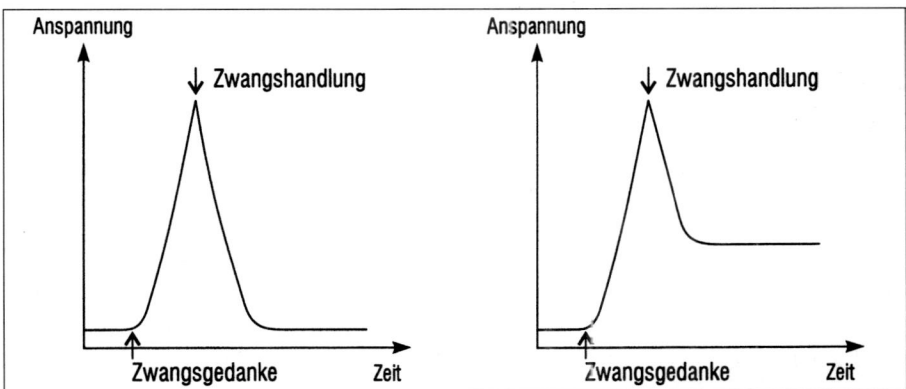

Abb. 1.2 Zusammenhang zwischen Zwangsgedanken und Zwangshandlung. Beginn der Störung (links) versus chronifiziertes Stadium (rechts): Zu Beginn einer Zwangsstörung erfolgt eine gute Neutralisation der durch Zwangsgedanken hervorgerufenen Anspannung durch eine Zwangshandlung; in einem chronifizierten Stadium gelingt eine Neutralisation durch Zwangshandlungen zunehmend schlechter.

Handlungen vorausgehenden Gedanken nicht mehr bewußt sind und die Handlungen zunehmend ritualisiert und stereotyp anmutend ablaufen; ferner verlieren die Zwangshandlungen oft einen Teil ihrer entlastenden Wirkung. Dies wiederum hat oft zur Folge, daß die Zwangshandlungen sowohl in der Häufigkeit als auch in der Intensität im Laufe der Zeit gesteigert werden (s. Abb. 1.2).

Die häufigsten Zwangshandlungen beziehen sich (analog den vorausgehenden Zwangsgedanken) auf „Waschen und/oder Kontrollieren". Daneben finden sich gehäuft Sammel- und Berührungszwänge sowie Wiederholungszwänge.

Waschzwänge

Waschzwängen gehen zumeist Befürchtungen voraus, sich verschmutzt oder infiziert zu haben. Manchmal bleiben die daraus resultierenden Zwangshandlungen auf den eigenen Körper beschränkt. Dies führt zumeist zu exzessivem Händewaschen und Duschen; gehäuft führen diese Befürchtungen jedoch dazu, daß auch die Kleidung, die Wohnung etc. mit in das Zwangssystem eingebaut werden. Dies äußert sich z.B. in vermehrtem Waschen, Putzen und Desinfizierung von Kleidung und Wohnung. Zusätzlich entwickeln die Betroffenen wie oben erwähnt ein ausgesprochenes Vermeidungsverhalten. Sehr häufig nehmen die Waschhandlungen ritualhaften Charakter an (s.u.).

Beispiel Waschzwang

Zwangsgedanke	Ritualisierte Waschung
Ich habe mich bestimmt irgendwo mit Bakterien verseucht und werde krank werden.	2 Durchgänge à 5 Minuten Händewaschen, dann Desinfektion mit Sagrotan, dann folgen 2 Durchgänge Oberkörperwaschen à 3 Minuten, Achselwäsche 3 Durchgänge à 5 Minuten, Unterleib 3 Durchgänge à 10 Minuten, dann noch einmal beide Durchgänge à 5 Minuten. Waschmittelverbrauch: ein Stück Seife pro Durchgang

Kontrollzwänge

Den Kontrollzwängen gehen inhaltlich zumeist Zwangsgedanken voraus, einen Fehler gemacht zu haben, woraus unangenehme Konsequenzen für die eigene Person oder andere resultieren könnten.

Beispiele für Zwangsgedanken und daraus resultierende Kontrollzwänge

Zwangsgedanken	Zwangshandlungen
Ich habe einen Fehler gemacht.	Brief mehrmals nachkontrollieren
Ich habe den Herd brennen lassen.	Herd mehrmals nachkontrollieren
Ich habe jemanden überfahren.	Strecke mehrmals abfahren

Zwangshandlungen können sich auf beinahe jeden Lebensbereich und jedes Objekt beziehen. In schwerer Ausprägung können diese Zwänge sehr bizarr anmuten, wenn z.B. ein Betroffener minutenlang an einer Türe stehen bleibt, um 50 mal hintereinander nachzukontrollieren, ob diese auch wirklich verschlossen ist. Sehr häufig findet sich auch hier ein eine starke Ritualisierung des Verhaltens, die häufig „magische" Aspekte beinhaltet; so z.B. daß eine Türe 16 mal kontrolliert werden muß, da 16 eine Glückszahl ist.

Beispiel für Zwangshandlungen
(ausführlich als Falldarstellung 1 in Kapitel 2)

Ein 27jähriger lediger Mechaniker berichtet, unter schweren Zwängen zu leiden; so „müsse" er ca. 6 Stunden pro Tag in seinem Haus putzen und Ordnung schaffen; hierbei richte er z.B. jedes Buch im Regal einzeln mit dem Lineal aus, wobei er dies hinterher noch mehrfach nachkontrollieren müsse. Im Bereich der Putzhandlungen müsse er z.B. täglich bis zu 4mal hintereinander den gesamten Boden putzen, da er das Gefühl habe, dieser sei „total verschmutzt". Rational sei ihm „irgendwo bewußt", daß seine Rituale übertrieben seien, aber er komme einfach nicht gegen sie an; unerträglicherweise würden sich auch nach ausgeprägtesten Putzhandlungen bereits nach einigen Stunden schon wieder Zweifel anmelden, ob nicht doch noch irgendwo Schmutz zu finden sei, mehrmals habe er bereits versucht, die Handlungen nicht auszuführen, dies habe jedoch zu großem Ekel und „totaler Anspannung" geführt, so daß er letztendlich doch immer geputzt habe.

1.5 Gedankenzwänge

Eine Sonderform der Zwangshandlungen stellen die Gedankenzwänge dar, die scheinbar zu den Zwangsgedanken gehören, da sie auf gedanklicher Ebene stattfinden. Sie werden jedoch zu den Zwangshandlungen gerechnet. Sie gehören deshalb zu den Zwangshandlungen, da die Betroffenen über diese gedanklichen Rituale aufkommende Anspannung und Angst zu neutralisieren suchen (s. Abb. 1.3).

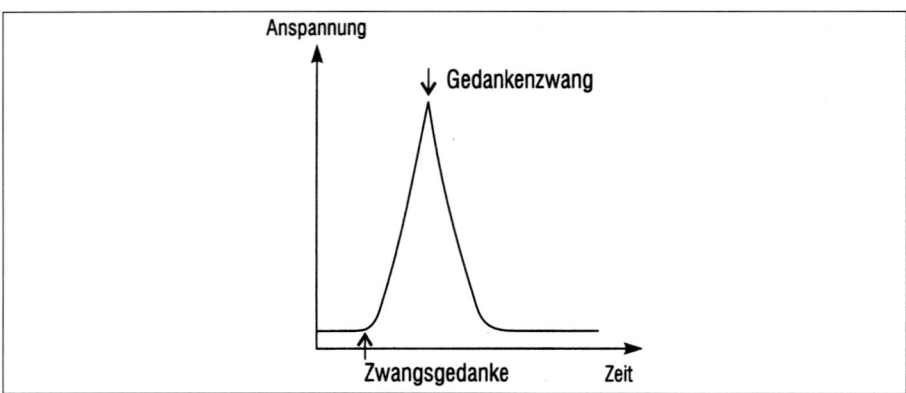

Abb. 1.3 Zusammenhang zwischen Zwangsgedanken und Gedankenzwang: Spannungsanstieg durch Zwangsgedanken/Neutralisation der Anspannung durch Gedankenzwang.

Die bekanntesten sind hierbei sicherlich die Zählzwänge, wobei gerade in diesem Bereich eine Vielzahl von anspannungsreduzierenden Ritualen möglich ist.

Beispiele für Zusammenhang Zwangsgedanken und Gedankenzwänge

Zwangsgedanken	Gedankenzwänge
Töte deine Mutter!	10mal hintereinander denken: Deine Mutter ist gut.
Ich habe den Herd brennen lassen.	3mal bis 60 zählen

2 Diagnose und Differentialdiagnose der Zwangsstörungen

Michael Zaudig und Nico Niedermeier

Zusammenfassung ─────────────────────────────────────

- Die DSM-IV-Diagnose einer Zwangsstörung beinhaltet neben einer Spezifizierung der Zwangsgedanken und Zwangshandlungen auch ein Zeitkriterium (Zwangsgedanken/Zwangshandlungen müssen mindestens 1 Stunde pro Tag andauern).
- Nach ICD-10 gibt es drei diagnostische Subtypen einer Zwangsstörung: überwiegend Zwangsgedanken (F 42.0), überwiegend Zwangshandlungen (F 42.1), ein Mischtyp mit Zwangsgedanken als auch Zwangshandlungen (F 42.2). Die Zwangsgedanken und/oder Zwangshandlungen müssen mindestens zwei Wochen lang bestehen, um die Diagnose einer Zwangsstörung zu rechtfertigen.

In den folgenden Abschnitten werden zwei Fallbeispiele nach ICD-10 und DSM-IV diskutiert. Ausführlich werden die Differentialdiagnosen der Zwangsstörung diskutiert, insbesondere die Abgrenzung zur zwanghaften Persönlichkeitsstörung, zur Schizophrenie, zur Depression, zu den Angststörungen und anderen verwandten Störungsbildern (OCD-spectrum disorders; OCD = obsessive-compulsive disorder).

2.1 Historische Entwicklung

Bereits 1838 beschrieb Esquirol „Zwangsphänomene" und verstand die ausgeprägte Symptomatologie als eigenständige Krankheit.
1915 schrieb Kraepelin:

„In der deutschen Psychiatrie ist der Ausdruck Zwangsvorstellung zuerst 1867 von Krafft-Ebing gebraucht worden, allerdings in einem etwas anderen Sinne, als wir ihm heute beilegen. Es handelte sich für ihn um Vorstellungen, die sich dem Kranken auf dem Boden einer depressiven Verstimmung mit Unwiderstehlichkeit

aufdrängen. Auf ganz andersartige Formen von zwangsmäßig auftretenden Vor-
stellungen, auf die krankhafte Grübel- und Fragesucht, machte dann im nächsten
Jahr Griesinger aufmerksam (1868). Maßgebend für die weitere Entwicklung
wurde aber ein Vortrag Westphals aus dem Jahre 1877, der eine noch heute viel-
fach aufrechterhaltene Begriffsbestimmung enthielt: Zwangsvorstellungen sind
nach seiner Darlegung solche, die bei übrigens intakter Intelligenz und, ohne
durch einen gefühls- oder affektartigen Zustand bedingt zu sein, gegen den Willen
des betreffenden Menschen in den Vordergrund des Bewußtseins treten, sich nicht
verscheuchen lassen, den normalen Ablauf der Vorstellungen hindern und durch-
kreuzen, welche der Befallene stets als abnorm, ihm fremdartig anerkennt, und
denen er mit seinem gesunden Bewußtsein gegenübersteht. (...) In der französi-
schen Psychiatrie waren schon eine Reihe vereinzelter, in dieses Gebiet gehörende
Beobachtungen beschrieben worden, bis Morel, 1866, unter der Bezeichnung des
„Délire émotive“ die erste ausführlichere und in allen wesentlichen Punkten zu-
treffende Darstellung des Leidens gab. (...) Le Grand de Saulle fügte dann der
„Folie du doute“ noch das „Délire du toucher“ hinzu.(...) Ganz besonders einge-
hend hat sich dann später Magnan mit der Zwangsneurose beschäftigt. (...) Außer
den eigentlichen Zwangsvorstellungen und Zwangsbefürchtungen, die er als
„obcessions“ zusammengefaßt hatte, beschreibt er noch Zwangsantriebe, „impul-
sions”, die indessen nur zum kleinsten Teil der Zwangsneurose im hier umschrie-
benen Sinne angehören...“.

Die Beschreibung Kraepelins beruht bereits auf der Annahme, daß die Zwangsneurose, wie sie erstmals von Sigmund Freud 1894 benannt wurde, eine eigenständige Erkrankung mit spezifischer Ätiologie sei. Tuke (1894) vertrat die Meinung, daß die Ursache der Zwangsstörung eine kortikale Dysfunktion sei. In den
20er Jahren wurden gehäuft Zwangssyndrome im Rahmen der Encephalitis
lethargica beschreiben. Ausführliche und im Grunde bis heute gültige Beschreibungen der Psychopathologie bei Zwangsstörungen finden sich bei Jaspers schon
1912 (Jaspers, 1973):

„Der Zwangskranke wird verfolgt von Vorstellungen, die ihm nicht nur fremd, son-
dern unsinnig erscheinen und denen er doch folgen muß, als ob sie wahr seien. Tut
er es nicht, so befällt ihn grenzenlose Angst. Der Kranke z.B. muß etwas tun, sonst
stirbt eine Person oder es geschieht ein Unheil. Es ist als ob sein Tun und Denken
magisch das Geschehen verhindere oder bewirke. Er baut seine Gedanken zu ei-
nem System von Bedeutungen, seine Handlungen zu einem System von Zeremoni-
en und Riten aus. Aber jede Ausführung hinterläßt den Zweifel, ob er es auch
richtig, auch vollständig macht. Der Zweifel zwingt ihn, von vorne anzufangen“
(Jaspers 1973).

Eine sehr plastische und sehr eindrucksvolle Beschreibung stammt von E. Bleuler
(1972):

*„Dem Zwangskranken drängt sich entgegen dem eigenen Willen irgendeine **Vorstellung** von einem musikalischen Motiv, einer Fratze, einer Gespensterhand, einer Stimme auf, die er nicht loswerden kann. Häufig handelt es sich um unangenehme Dinge: Ekelhaftes, unkeusche Vorgänge, Gotteslästerungen; ein Lehrer konnte die Idee nicht loswerden, daß die Kinder ihm auf den Hosenschlitz sehen; dann stellt sich der Kranke auch zwanghaft Fragen, teils albern-banale (warum hat der Stuhl vier Beine?), teils unlösliche über die letzten Dinge (was war vor der Erschaffung der Welt?), teils religiöse (warum ist Gott ein Mann?, wie ist die conceptio immaculata möglich?), teils sexuelle, die oft auch deutlich in den vorgenannten Arten stecken (Grübelsucht). Inhaltlich grundlose **Zwangsbefürchtungen** betreffen einmal ein drohendes Unglück, z.B. vom Blitz erschlagen zu werden (**Keraunophobie**), dann einfache Gefahrvorstellung unter bestimmten Umständen ohne logische Begründung.(...) Im „Délire de touches", der **Mysophobie**, fürchtet man sich etwa, eine Klinke zu berühren; man könnte sich und andere infizieren. Der **Aichmophobe** hat Angst, an einem zufällig daliegenden spitzen Gegenstand sich oder andere zu verletzen, jemanden (am häufigsten einen Angehörigen) damit unbeabsichtigt umzubringen"* (Bleuler 1972).

Das Bild der Zwangsstörung wurde 1980 operational definiert im Rahmen der Entwicklung des DSM-III (Diagnostisches und Statistisches Manual Psychischer Störungen, 3. Revision, APA, 1980). Details wurden über DSM-III-R (APA 1987) bis hin zur DSM-IV (Saß et al. 1996; APA 1994) immer wieder eingearbeitet. Die DSM-IV- und ICD-10-Definition der Zwangsstörung muß derzeit als verbindlich angesehen werden (**ICD-10** Internationale Klassifikation Psychischer Störungen, Kapitel V (F), Klinisch diagnostische Leitlinien/Forschungskritierien, Dilling et al. 1994, WHO 1992, 1993) (**DSM-IV** Diagnostisches und Statistisches Manual Psychischer Störungen, Saß et al. 1996; APA 1994).

Wesentliche Kennzeichen der Zwangsstörung sind wiederkehrende Zwangsgedanken und/oder Zwangshandlungen, die schwer genug sind, um zeitaufwendig zu sein oder ausgeprägtes Leiden oder deutliche Beeinträchtigungen zu verursachen. Der Patient sieht die Störung als übertrieben und unbegründet an (zumindest zu irgendeinem Zeitpunkt der Störung), die Zwangsgedanken/Handlungen stehen im Vordergrund und sind eindeutig von anderen psychischen Störungen und organisch bedingten Störungen abgrenzbar.

2.2 DSM-IV-Diagnose der Zwangsstörung (300.3)

Nach DSM-IV (Tab. 2.1) müssen entweder Zwangsgedanken oder Zwangshandlungen vorliegen (**Kriterium A**). Die Zwangsgedanken/-handlungen müssen von dem Patienten als übertrieben und unbegründet angesehen werden (**Kriterium B**). Die Zwangsstörung verursacht eine erhebliche psychosoziale Beeinträchtigung

(**Kriterium C**), andere psychische und organisch bedingte Störungen müssen ausgeschlossen sein (**Kriterien D und E**). Als Besonderheit kann noch der Subtyp
„Mit wenig Einsicht" hervorgehoben werden: dieser Subtyp trägt der nicht selte-
nen Beobachtung Rechnung, daß Patienten öfter auch eine mangelnde inhaltliche
Distanzierung von ihren Zwangsgedanken und -handlungen aufweisen (Tab. 2.1).

Tab. 2.1 DSM-IV-Diagnose einer Zwangsstörung (300.3) (verkürzte Darstellung)

A. Entweder Zwangsgedanken *oder* Zwangshandlungen

Zwangsgedanken (1–4 müssen vorliegen):
1. Wiederkehrende und anhaltende Gedanken, Impulse oder Vorstellungen,
   die als aufdringlich und unangemessen empfunden werden und ausgeprägte Angst und großes Unbehagen hervorrufen.
2. Die Gedankenimpulse oder Vorstellungen sind nicht nur übertriebene Sor-
   gen über reale Lebensprobleme.
3. Die Person versucht diese Gedankenimpulse oder Vorstellung zu ignorieren
   oder zu unterdrücken oder sie mit Hilfe anderer Gedanken oder mit Tätig-
   keit zu neutralisieren.
4. Die Person erkennt, daß die Zwangsgedanken, -impulse oder -vorstellun-
   gen eigene Gedanken darstellen.

Zwangshandlungen (1. und 2. müssen erfüllt sein):
1. Wiederholte Verhaltensweisen (Waschen, Ordnen, Kontrollieren) oder gedankliche Handlungen (Beten, Zählen, Wörter Wiederholen), zu denen sich
   die Person gezwungen fühlt.
2. Die Verhaltensweisen oder gedanklichen Handlungen dienen dazu, Un-
   wohlsein oder Angst zu verhindern oder zu reduzieren oder gefürchteten
   Ereignissen und der Situation vorzubeugen.

B. Die Zwangsgedanken oder Zwangshandlungen werden vom Betroffe- nen als übertrieben oder unbegründet angesehen.

C. Die Zwangsgedanken oder Zwangshandlungen verursachen eine er- hebliche psychosoziale Beeinträchtigung und sind zeitaufwendig (mehr als 1 Stunde pro Tag).

D. Andere psychische Störungen müssen ausgeschlossen werden.

E. Medizinische Krankheitsfaktoren und Drogen sowie Medikamente müssen als Verursachung der Zwangsstörung ebenfalls ausge- schlossen werden.

Zu spezifizieren ist ferner:
„Mit wenig Einsicht": die Person ist nicht in der Lage, die Zwangsgedanken und
Zwangshandlungen als übermäßig oder unbegründet anzusehen.

2.3 ICD-10-Diagnose der Zwangsstörung (F 42)

Nach ICD-10 gibt es drei diagnostische Subtypen einer Zwangsstörung:
- Zwangsstörung mit überwiegend Zwangsgedanken (F42.0)
- Zwangsstörung mit überwiegend Zwangshandlungen (F42.1)
- Mischtyp, in dem sowohl Zwangsgedanken als auch Zwangshandlungen auftreten (F42.2)

In ICD-10 (Tab. 2.2) werden im Unterschied zu DSM-IV Zeitvorgaben für die Dauer der Zwangsstörung von mindestens 2 Wochen gemacht (**Kriterium A**). Die Zwangsgedanken und/oder Zwangshandlungen werden zwar als eigene Gedanken/Handlungen angesehen, aber auch als übertrieben und unsinnig. Die Betroffenen versuchen, Widerstand zu leisten, und die Ausführung von Zwangsgedanken/-handlungen wird als unangenehm erlebt (**Kriterium B**). Die Betroffenen leiden unter den Zwangsgedanken/-handlungen und werden dadurch massiv psychosozial beeinträchtigt (**Kriterium C**). Häufige Ausschlußdiagnosen sind Schizophrenie und affektive Störungen, natürlich müssen alle anderen psychischen und organisch bedingten Störungen ausgeschlossen werden (**Kriterium D**).

In beiden Klassifikationssystemen werden Zwangsgedanken und Zwangshandlungen sowie Mischtypen dargestellt; in ICD-10 stellen diese jedoch eigenen diagnostischen Kategorien dar. Die Konsequenz einer Zwangsstörung ist die erhebliche psychosoziale Beeinträchtigung und Funktionseinschränkung, sowohl im Beruf, familiär wie auch in den üblichen sozialen Aktivitäten. Zwangsstörungen werden also per se als massive Beeinträchtigung beschrieben. In den **Zeitkriterien** unterscheiden sich ICD-10 und DSM-IV:

Tab. 2.2 ICD-10-Diagnose der Zwangsstörung (F 42) (verkürzte Darstellung)

A. Zwangsgedanken und/oder Zwangshandlungen bestehen mindestens 2 Wochen lang.

B. Zwangsgedanken/-handlungen erfüllen die Punkte 1–4:
1. Zwangsgedanken/-handlungen werden als eigene Gedanken/Handlungen angesehen und nicht als von anderen Personen oder Einflüssen eingegeben.
2. Sie wiederholen sich dauernd, werden als unangenehm empfunden und meist als übertrieben oder unsinnig anerkannt.
3. Die Betroffenen versuchen, Widerstand zu leisten.
4. Die Ausführung eines (einer) Zwangsgedankens/-handlung ist unangenehm.

C. Die Zwangsgedanken/-handlungen führen zu einer massiven psychosozialen Beeinträchtigung.

D. Häufigste Ausschlußkriterien stellen die Schizophrenie und die affektiven Störungen dar.

- Nach **ICD-10** müssen wenigstens 2 Wochen an den meisten Tagen Zwangs-gedanken/-handlungen oder beides nachweisbar sein.
- Nach **DSM-IV** müssen die Zwangsgedanken/-handlungen wenigstens mehr als 1 Stunde pro Tag in Anspruch nehmen.

2.4 Fallbeispiele

Fallbeispiel 1

Ein 27jähriger lediger Mechaniker begibt sich wegen sich progredient ver-schlimmernden Zwängen in stationäre verhaltenstherapeutische Behand-lung. Der Patient datiert den Beginn seiner Probleme auf die Zeit der Fer-tigstellung seines Eigenheimes vor drei Jahren. Er berichtet, er könne keinerlei Unordnung im Hause tolerieren, was sich so auswirkt, daß alle Gegenstände genau an ihrem Platz sein müssen; geringste Abänderungen rufen bereits unerträgliche Anspannung hervor, z.B. wenn lose Blätter oder Autoschlüssel offen herumliegen. Dasselbe gilt für Sauberkeit im Haus – selbst bei nichtigsten Anlässen, z.B. wenn nur einmal durch das Haus ge-laufen wurde, stellt sich eine unerträgliche Anspannung, verbunden mit Ekel ein, da der Patient dann das Gefühl hat, alles sei verschmutzt. Ihm sei durch Vergleich mit anderen Menschen wohl bewußt, daß sein Empfinden übertrieben ist, aber er gibt an, daß er sich trotz allen Widerstands nicht dagegen wehren kann. Auf der Verhaltensebene hat dies zur Konsequenz, daß er sich zu Reinigungs- und Aufräumhandlungen gezwungen fühlt, die die ganze abendliche Freizeit (ca. 6 Stunden pro Tag) einnehmen; Stapel von Audiokassetten, CD's etc. werden durch wiederholtes Ausrichten mit einem Lineal solange bearbeitet, bis sie auf den Millimeter genau angeord-net sind. Die eingangs erwähnte Anspannung sinkt hierdurch für einige Zeit ab, bis ein erneutes Empfinden von Unordnung oder Verschmutzung ein-setzt und der Kreislauf von vorne beginnt.

Neben Auslösern wie Schmutz und Unordnung bzw. der sich aus ihnen er-gebenden Anspannung ist auch die familiäre Interaktion bedeutsam: So be-gibt sich der Patient meist nach der Rückkehr von der Arbeitsstelle zu-nächst einmal kurz zu seinen Eltern. In aller Regel kommt es dann zu Auseinandersetzungen mit dem Vater, worauf sich der Patient in sein eige-nes Haus zurückzieht und die oben beschriebenen Ordnungs- und Putz-rituale auslebt. Die Eltern reagieren auf seine Probleme ohne Verständnis für psychische Hintergründe, geben ihm aber Anteilnahme und Anerken-nung für Leistung. Als Folge der geschilderten Probleme sind die Freund-schaften des Patienten in den letzten Jahren immer weniger geworden, wor-unter er sehr leidet.

Was den biografischen Hintergrund betrifft, so wird der 57jährige Vater als engstirnig, unkreativ, an materiellen Dingen orientiert erlebt, die 51jährige Mutter als etwas mehr gefühlsbetont und toleranter. Der Patient hat noch eine 5 Jahre jüngere Schwester, welche noch im Haushalt der Eltern lebt. In der Familie ist keine erbliche Belastung mit Psychosen bekannt. Er hatte während seiner ganzen Kinder- und Jugendzeit das Gefühl, er könne die Beziehung zu seinen Eltern nicht belasten und bemühte sich immer, ihren normativen Vorgaben von vorneherein zu entsprechen. Der Patient ließ sich nach dem qualifizierten Hauptschulabschluß zum Mechaniker ausbilden und fiel durch seine guten Arbeitsleistungen auf, so daß er ins Ausland auf Außenmontage geschickt wurde. Diese Zeit schildert er als sehr glücklich. Zwei Jahre später gab ihm sein Vater die Hälfte seines Grundstücks ab, und der Patient erbaute sich in den folgenden zwei Jahren ein eigenes Haus. Hierbei versuchte ihm der Vater ständig dreinzureden, was ihm der Patient sehr verübelte. Nach Fertigstellung des Hauses erlebte er allerdings endlich einmal die lange entbehrte Anerkennung des Vaters. Trotz seines Alters hat der Patient keine partnerschaftlichen Erfahrungen. Ein erster sexueller Kontakt endete mit einem traumatischen Impotenzerlebnis.

Bezüglich des psychischen Befundes bei Aufnahme bestehen keine formalen oder inhaltlichen Denkstörungen. Das intellektuelle Leistungsvermögen ist normal, die affektive Schwingungsfähigkeit erscheint vermindert. Der Patient wirkt gequält, rational und sehr affektarm. In der Kontaktaufnahme berichtet er offen über seine Probleme mit glaubhaft starkem Leidensdruck und sehr guter Änderungsmotivation. Für Suizidalität finden sich keine Anhaltspunkte Die körperliche Untersuchung ist unauffällig; die Laborparameter befinden sich im Normbereich; keine Medikamenten- oder Drogeneinnahme während der letzten 4 Jahre.

Diskussion der Diagnose nach ICD-10 (Fall 1)

Bei dem Patienten bestehen seit 3 Jahren ausgeprägte Putz- und Ordnungszwänge (wobei die Putzzwänge eine Untergruppe der Waschzwänge und die Ordnungszwänge eine Untergruppe der Kontrollzwänge darstellen), also Zwangshandlungen (Kriterium **A**). Der Patient berichtet nicht explizit über das Vorliegen von Zwangsgedanken. Den Zwangshandlungen gingen „unerträgliche Anspannung", „Ekel" sowie „das Gefühl, alles sei verschmutzt" voraus. Natürlich sind Zwangsgedanken als kognitive Repräsentanzen der körperlichen Anspannung sowie der Gefühle höchst wahrscheinlich, sie können jedoch mit o.g. Information nicht diagnostiziert werden.

Die Zwangshandlungen werden als eigene Handlungen angesehen (Kriterium **B1**). Sie wiederholen sich und werden als übertrieben anerkannt (Kriterium **B2**). Er versucht auch Widerstand zu leisten und empfindet die Zwangshandlungen als sehr unangenehm (Kriterien **B3** und **B4**). Aufgrund der Zwangshandlungen änderte sich die abendliche Freizeitgestaltung; die sozialen Kontakte verminderten sich, worunter der Patient „sehr leidet" (Kriterium **C**). Für eine Schizophrenie oder eine affektive Störung findet sich weder in der Schilderung der Lebensgeschichte des Patienten noch im psychopathologischen Befund ein Hinweis (Kriterium **D**). Im vorliegenden Fall sind also alle von der ICD-10 geforderten Kriterien erfüllt, eine Zwangsstörung mit Überwiegen von Zwangshandlungen (F 42.1) kann diagnostiziert werden.

Diskussion der Diagnose nach DSM-IV (Fall 1)

Für eine Diagnose nach DSM-IV wird das Vorliegen von Zwangsgedanken *oder* Zwangshandlungen gefordert (Kriterium **A**). Wie oben erwähnt, können Zwangsgedanken hier nicht sicher diagnostiziert werden. Der Patient berichtet jedoch über Verhaltensweisen (Putzen und Ordnen), die er wiederholt ausführt und zu denen er sich subjektiv gezwungen fühlt (Kriterium **A1**). Die Handlungen dienen dazu, Anspannung zu reduzieren. Der Patient empfindet seine Handlungen als übertrieben (Kriterium **B**); sie belasten ihn psychosozial und sind zeitaufwendig (6 h/d) (Kriterium **C**). Wie in der Diskussion nach ICD-10 bereits erwähnt, findet sich kein Hinweis für das Vorliegen einer anderen psychischen Störung (Kriterium **D**). Ebenso findet sich kein Hinweis für medizinische Krankheitsfaktoren (bzw. Einfluß durch Drogen oder Medikamente) (Kriterium **E**). Das Vorliegen einer Zwangsstörung (300.3) kann also auch nach DSM-IV diagnostiziert werden.

Die geforderten **Zeitkriterien** (ICD-10: 2 Wochen, DSM-IV: Zwangshandlungen mehr als 1 Stunde pro Tag) sind für beide Diagnosesysteme erfüllt.

Fallbeispiel 2

Frau S., eine 35jährige verheiratete Hausfrau und Mutter von zwei Töchtern im Alter von 3 und 8 Jahren, wird von der Krisenintervention einer psychiatrischen Klinik wegen des Verdachts auf Vorliegen einer Zwangsstörung in unsere stationäre Behandlung überwiesen.

Bei der Aufnahme berichtet die Patientin, seit nunmehr zwei Monaten an Ängsten zu leiden, ihren Kindern „etwas anzutun". Auslöser hierfür sei ein „extrem stressiger Vormittag" gewesen, an dem sich die Patientin so von der Hausarbeit und den Kindern überfordert gefühlt habe, daß sie diese zum Spielen nach draußen geschickt habe. Hierauf habe sie nach Erledigung der Hausarbeit noch einige Einkäufe gemacht, wobei ihr plötzlich eingefallen sei, daß sie die beiden Mädchen einfach auf dem Spielplatz vergessen habe. Hierüber sei sie furchtbar erschrocken; die Kinder seien stets das Wichtigste für sie gewesen, so daß sie nicht glauben konnte, daß sie ihre Kinder einfach vergessen hatte. Während der Fahrt zum Spielplatz hätten sie Gedanken gequält, was für eine Rabenmutter sie sei und wozu sie sonst wohl noch in der Lage sei. Plötzlich habe sie gedacht „vielleicht bist du sogar eine Mutter, die ihre Töchter töten könnte". Sie habe diesen Gedanken, der ihr furchtbare Angst gemacht habe, sofort als abwegig zu verdrängen versucht, was ihr jedoch nur mit Mühe gelang. Obwohl die Kinder friedlich auf dem Spielplatz gewartet hätten und auch ihr Mann ihr versichert habe, daß einem so etwas in der Eile schon passieren könnte, habe sie sich entsetzlich unsicher, ängstlich und schuldig gefühlt; ständig hätte sie während der folgenden Tage darüber nachgedacht ob sich so etwas nicht wiederholen könnte, wobei auch immer wieder der Gedanke aufgetaucht sei „vielleicht könntest du deine Töchter sogar töten". Schon wegen ihrer streng christlichen Erziehung finde sie solche Gedanken „abartig und pervers"; es ist ihr aber trotz allen Widerstands und des „eigentlichen Wissens" um die Übertriebenheit dieser Gedanken in den folgenden Tagen nicht gelungen, diese sich immer wieder aufdrängenden Gedanken loszuwerden. Vielmehr hätten sich diese dahingehend ausgeweitet, daß nun plötzlich Gedanken aufgetaucht seien, „wie" sie ihren Töchtern etwas antun könne, z.B.: „Vielleicht könntest du sie mit einem Küchenmesser ermorden, oder du könntest sie vergiften". Zu diesem Zeitpunkt habe sie „trotz aller Gegenwehr „praktisch den ganzen Tag nur noch mit diesen Gedanken zu tun gehabt", und sie wisse, daß es sich völlig „irre" anhöre, aber ihre Unsicherheit darüber, ob sie die Gedanken nicht etwa in die Tat umsetzen könnte, sei proportional angestiegen. In ihrer Verzweiflung habe sie alle Küchenmesser und Scheren weggeräumt und schließlich die Kinder zu ihrer Mutter gebracht. Trotz aller Maßnahmen seien die Gedanken nicht weniger geworden, so daß sie sich schließlich nach einem langen Gespräch mit ihrem Ehemann dazu entschlossen habe, zu ihrem eigenen Schutz und zum Schutz der Kinder psychiatrische Hilfe in Anspruch zu nehmen.

Aus der Vorgeschichte der Patientin ist zu eruieren, daß sich die Familie während der letzten 2 Jahre durch den Bau eines Eigenheims zunehmend finanziell und arbeitsmäßig überfordert habe. Die sehr ordentliche und gewissenhafte Patientin habe während dieser Zeit stets versucht, sich die Belastung nicht anmerken zu lassen; so habe sie z.B. ihre Kinder bis zu o.g. Zeitraum nie der Großmutter übergeben. Gleichzeitig fühle sie sich seit Monaten vollkommen ausgelaugt, nicht zuletzt deshalb, weil sie im letzten Jahr „keine 10 Stunden für sich" gehabt habe.

Bis zum Zeitpunkt der Aufnahme in der psychiatrischen Klinik habe sie noch nie das Gefühl gehabt, psychiatrischer Hilfe zu bedürfen. Auch in der Familie seien keinerlei psychiatrische Vorerkrankungen bekannt. Bei der Aufnahmeuntersuchung ist die abgespannt und erschöpft wirkende Patientin bewußtseinsklar und in allen Qualitäten orientiert. Bis auf o.g. Zwangsgedanken finden sich keine formalen oder inhaltlichen Denkstörungen. Im Affekt wirkt die Patientin ängstlich und unsicher. Psychomotorisch wirkt sie ausgesprochen unruhig, zittrig und angespannt. Eine Suizidalität ist gegenwärtig nicht nachzuweisen.

Der körperliche Untersuchungsbefund ist ebenso wie die Laborparameter unauffällig, die Medikamentenanamnese ist leer, kein Hinweis auf Drogen- oder Alkoholmißbrauch.

Diskussion der Diagnose nach ICD-10 (Fall 2)

Die Patientin berichtet, seit 2 Monaten an Zwangsgedanken zu leiden; folglich ist das Kriterium **A** erfüllt. Für das zusätzliche Vorliegen von Zwangshandlungen findet sich kein direkter Hinweis. Die Patientin erlebt die Zwangsgedanken als der eigenen Person zugehörig (Kriterium **B1**). Sie berichtet, daß sich die Gedanken trotz großen Widerstands ständig wieder dem Bewußtsein aufdrängen (Kriterien **B2** und **B3**).Sicherlich ist die Ausführung eines Zwangsgedankens (gemeint ist hier das *Denken* eines Zwangsgedankens) für die Patientin, die diese Gedanken als abartig und pervers bewertet, unangenehm (Kriterium **B4**). Die Tatsache, daß die Patientin aus Verzweiflung ihre Kinder abgeben mußte ebenso wie die Bitte um die stationäre Aufnahme in einer psychiatrischen Klinik sind sicherlich als massive psychosoziale Beeinträchtigung zu werten (Kriterium **C**). Hinweise für das Vorliegen einer Schizophrenie oder einer affektiven Störung finden sich nicht (Kriterium **D**). Es kann eine Zwangsstörung mit Überwiegen von Zwangsgedanken diagnostiziert werden (ICD-10: F 42.0).

Diskussion der Diagnose nach DSM-IV (Fall 2)

Die Patientin berichtet über wiederkehrende und anhaltende Gedanken, die bei ihr große Angst und Anspannung hervorrufen (Kriterium **A1**). Die anhaltende Befürchtung, die eigenen Kinder zu töten, entspricht sicherlich nicht einer „übertriebenen Sorge eines realen Lebensproblems" (Kriterium **A2**).Die Patientin berichtet von dem (mißglückten) Versuch, die Gedanken zu unterdrücken (Kriterium **A3**); ebenso scheint die Patientin die Gedanken als ihre eigenen zu empfinden, Hinweise für eine Ich-Störung oder Wahnerleben finden sich nicht (Kriterium **A4**). Das Kriterium **A** nach DSM-IV für ein Vorliegen von Zwangsgedanken ist somit erfüllt. Für das Vorliegen einer Zwangshandlung ergibt sich kein Anhalt. Die Patientin berichtet, daß sie „eigentlich" weiß, daß die Gedanken übertrieben sind (Kriterium **B**); sie verbringt den „ganzen Tag" mit diesen Gedanken, die offensichtlich (wie o.g.) psychosozial sehr belastend sind (Kriterium **C**). Für ein Vorliegen anderer psychischer Störungen findet sich in der Anamnese und im psychopathologischen Befund kein Hinweis (Kriterium **D**); gleiches gilt für das Vorliegen einer körperlichen Erkrankung bzw. eines Drogenmißbrauchs oder einer Medikamenteneinnahme (Kriterium **E**). Nach DSM-IV besteht die Diagnose einer Zwangsstörung (300.3).

2.5 Differentialdiagnose

Sowohl Zwangsgedanken und Zwangshandlungen als auch die Mischung aus beiden kommen im Rahmen anderer psychischer Erkrankungen vor. Gerade aus therapeutischen Gründen ist es daher von besonderem Interesse, die reine Zwangsstörung von Zwangsphänomenen im Rahmen anderer Erkrankungen abzugrenzen.

Die zwanghafte Persönlichkeitsstörung DSM-IV/ anankastische Persönlichkeitsstörung (ICD-10)

Viele Menschen haben von anderen geschätzte Eigenschaften wie Pünktlichkeit, Fleiß, Sauberkeit und Ordnungsliebe. Wenn sich diese Persönlichkeits*züge* jedoch als auffälliges Verhalten im Sinne einer tiefgreifenden Störung manifestieren, wird aus den sogenannten Eigenschaften ein mehr oder weniger durchgängiges Muster von Perfektionismus, übermäßiger Gewissenhaftigkeit, Pedanterie, Rigidität, übermäßiger Vorsicht. Dies führt zu subjektivem Leidensdruck; manchmal leiden auch andere Menschen darunter. Man spricht dann von einer **anankastischen oder zwanghaften Persönlichkeitsstörung (ICD-10: F 60.5).**

Besonders problematisch kann die Abgrenzung der Zwangsstörung von der **zwanghaften Persönlichkeitsstörung** sein. Bis in die 80er Jahre hinein bestand die Meinung, daß Patienten mit Zwangsstörung zumindest auch einen zwanghaften Charakter, wenn nicht gar eine prämorbide anankastische Persönlichkeitsstörung haben müßten (Pollack 1987). Untersuchungen neueren Datums (Ecker u. Dehmlow 1994) widerlegen diese klinische Meinung: durchschnittlich weniger als 10% der Patienten mit Zwangsstörung weisen prämorbid oder komorbid eine zwanghafte/anankastische Persönlichkeitsstörung auf. Diese Patienten zeigen ebenfalls das Drängen beharrlicher und unerwünschter Gedanken oder Impulse, erleben jedoch die zeitliche und psychosoziale Beeinträchtigung nicht so belastend wie Patienten mit einer Zwangsstörung, da es sich in der Regel um überdauernde Eigenschaften handelt, die seit der Adoleszenz bestehen.

Patienten mit anankastischer Persönlichkeitsstörung zeigen übermäßige Vorsicht und häufigen Zweifel, sind ständig mit Details, Regeln, Listen, Ordnung, Organisation oder Plänen beschäftigt. Sie sind so perfektionistisch, daß die Fertigstellung von Aufgaben behindert wird, zeigen übermäßige Gewissenhaftigkeit, Skrupelhaftigkeit, sind pedantisch, rigide, eigensinnig und bestehen in der Regel darauf, daß ihre Gewohnheiten unbedingt akzeptiert werden müssen und andere sich diesen unterzuordnen hätten.

Natürlich müssen die o.a. Verhaltensmuster andauern (seit der Adoleszenz) und nicht auf Episoden begrenzt sein wie bei der Zwangsstörung. Diese Persönlichkeitsstörung ist tiefgreifend, führt zu subjektivem Leiden und geht auch mit deutlichen Einschränkungen der beruflichen und sozialen Leistungsfähigkeit einher. Der wesentliche Unterschied zur Zwangsstörung besteht darin, daß es sich hier um eine **lebenslange Störung der gesamten Persönlichkeit** handelt und nicht nur um eine mehr oder wenig lang bestehende Episode mit Zwangsphänomenen.

Zwangsstörung und Schizophrenie/Wahnerleben

Nicht selten tritt das Problem auf, Zwangsgedanken von Wahngedanken zu unterscheiden. Nach Jaspers sind **Wahnideen** außergewöhnliche, absolute Überzeugungen, sie sind völlig unbeeinflußbar durch den Erfahrungshintergrund und zeichnen sich häufig durch die Beziehungslosigkeit zur Realität aus. Im Gegensatz dazu sind **Zwangsgedanken** oder **Zwangsideen** dadurch charakterisiert, daß der Patient an den Inhalt glaubt und dennoch weiß, daß der Inhalt falsch ist. Es besteht mehr oder weniger ein Wettstreit zwischen Überzeugung und Wissen vom Gegenteil (Jaspers 1912). Zwangsgedanken haben im Vergleich zu Wahnideen immer den Charakter des unwillkürlichen, aufdringlichen Gedankens. Darüber hinaus unterscheidet sich die Schizophrenie natürlich durch andere wesentliche Auffälligkeiten im Bereich der Affektivität, der formalen Denkstörungen, der Residualsymptomatik usw. von der Zwangsstörung. Dennoch kann es möglich sein, daß ausgeprägte schizophrene Psychosen durch Zwänge maskiert werden und damit Anlaß zu Fehldiagnosen geben. Zwangsphänomene im Rahmen psychotischer Störungen sind jedoch in der Regel eher unsystematisch, ungeordnet, bizarrer, zeigen eine rasche Progredienz und führen insgesamt zu einer schwereren und schnelleren psychosozialen Beeinträchtigung. Insbesondere **Verlaufscharakteristiken** tragen wesentlich zur Differentialdiagnose bei: **Schizophrenien** verlaufen langsam progredient, weisen affektive und formale Denkstörungen auf, unterbrochen durch psychotische Schübe, die durch das intermittierende Auftreten von Zwangsphänomenen maskiert sein können. Bei einer Zwangsstörung entwickeln sich Zwangsgedanken oder Zwangshandlungen ohne psychotische Symptome langsam progredient oder episodisch und weisen in der Regel keine andere auffällige, an eine Schizophrenie erinnernde Symptomatologie auf.

Zwangsstörung und Depression

Häufig weisen Patienten mit Zwangsstörungen auch ausgeprägte depressive Syndrome auf, so daß die Frage entsteht, ob es sich hierbei primär um eine depressive Episode mit Zwangssymptomen handelt oder umgekehrt um eine Zwangsstörung mit ausgeprägter depressiver Symptomatik oder um zwei verschiedene Krankheiten, die zur gleichen Zeit bestehen. Viele Zwangspatienten haben eine hohe Komorbidität für affektive Störungen, in der Häufigkeit gefolgt von Angststörungen. Dies spielt gerade bei der Behandlung von Zwangsstörungen eine große Rolle, da komorbide Störungen wie z.B. depressive Episoden den Therapieverlauf deutlich beeinflussen können (Milanfranchi et al. 1995; Ecker u. Dehmlow 1994). Umgekehrt zeigen depressive Patienten häufig eine Reihe von zwanghaften Merkmalen wie zwanghaftes Grübeln, ständig wiederkehrende Suizidgedanken, Kreisdenken, reduzierte Motorik und Mimik, Schuldgefühle und Angst (Black u. Noyes 1990). Unter anderem hat sich daher auch der inzwischen nicht mehr in Verwendung befindliche Begriff der **anankastischen Depression** herausgebildet. Der emotionale Zustand von Zwangspatienten wird häufig auch als Dysthymie beschrieben, wobei auch die Komponente der Angst eine bedeutende Rolle spielt; das Krankheitsbild imponiert dann eher als ein aus Angst und Depression gemischter Zustand.

Depressivität bei Patienten mit Zwangsstörung erfordert immer besondere Aufmerksamkeit, da im Rahmen einer depressiven Grundstörung mit begleitender Zwangssymptomatik die **Gefahr der Suizidalität** besonders zu beachten ist.

Zwangsstörung und andere Angststörungen

Patienten mit Zwangsstörung zeigen nicht die typische situationsbezogene Angst oder Panik, wie dies bei Panikstörungen und Phobien der Fall ist. Die bei Zwangsstörungen auftretende Angst läßt sich eher als Unruhe, Gereiztheit, Anspannung, Unsicherheit und Scham bezeichnen (Reinecker 1991). Die Angstsymptomatik bei Zwangsstörungen bezieht sich auf Ereignisse, die eintreten, wenn ein bestimmtes Zwangsritual *nicht* durchgeführt wird. Umgekehrt weisen Patienten mit Phobien oder Panikstörungen keine Zwangsgedanken, Zwangshandlungen oder Rituale auf. Statt dessen zeigen phobische Patienten ausgeprägte Angst- und Panikzustände. Angstsituationen können weitgehend konkret benannt werden und beziehen sich auf ganz spezielle Situationen, die wiederum Panikzustände verursachen. Patienten mit Zwangsstörungen weisen ebenfalls Ängste und Unruhe auf, allerdings zum Teil stimulusunspezifisch. Unspezifische Stimuli sind eher Staub, Schmutz, Berührung, Verletzung und weniger konkrete Situationen wie bei Phobien. Besonders hervorzuheben ist auch, daß Patienten mit Phobien sehr deutliche Vorstellungen über die Notwendigkeit der Vermeidung haben, sie können immer konkret berichten, vor was sie Angst haben, was passieren könnte; Patienten mit Zwangsstörungen dagegen weisen sehr unpräzise, häufiger stark übertriebene, oft bizarre Ideen auf, was als Folge z.B. einer Verschmutzung (Kontamination) passieren könnte.

Andere mit der Zwangsstörung verwandte Störungsbilder – „OCD-spectrum disorders"[1]

In der jüngeren, vor allem angloamerikanischen Literatur wird auf verschiedene andere Störungsbilder hingewiesen, die zumindest Zwangsgedanken oder der Zwangshandlungen ähnelnde Verhaltensweisen beinhalten. Im engeren Sinne sind dies Störungen wie Gilles-de-la-Tourette-Syndrom, Tics, Autismus, Anorexia nervosa, körperdysmorphe Störung, wahnhafte Störungen, Depersonalisationssyndrom, Kleptomanie, Hypochondrie, sexuelle Störungen, Trichotillomanie, Impulskontrollstörungen, Somatisierungsstörungen, Nägelkauen, aber auch neurologische Störungen wie Epilepsie, Chorea Huntington, Sydenham-Chorea (Hollander u. Benzaquen 1996). Diese Störungen weisen einige Ähnlichkeiten mit

---

1 OCD = obsessive-compulsive disorder

der Zwangsstörung auf, und zwar auf der Symptomebene (Zwangsgedanken/-handlungen, stereotype Verhaltensweisen, Rituale, motorische Automatismen), im Rahmen anderer Merkmale (demographisch, im Bereich der Komorbidität oder des klinischen Verlaufs), neurobiologisch (ähnliche Befunde bei bildgebenden Verfahren), ähnliche therapeutische Wirkung der Verhaltenstherapie und der Psychopharmakotherapie und letztlich in der Ätiologie (Genetik, Umweltfaktoren). Insgesamt handelt es sich um ein sehr komplexes Konzept, das sich noch weitgehend in der Entwicklung befindet.

3 Epidemiologie, Komorbidität und Verlauf der Zwangsstörung

Michael Zaudig

Zusammenfassung

- Die Prävalenz der Zwangsstörung in der Gesamtbevölkerung liegt durchschnittlich bei 2%.
- Die Zwangsstörung ist eine der häufigeren psychischen Störungen.
- Die Zwangsstörung ist zwischen den Geschlechtern ungefähr gleich verteilt.
- Männer erkranken früher als Frauen, wobei das durchschnittliche Erkrankungsalter zwischen 20 und 26 Jahren liegt.
- Die höchsten Komorbiditätsraten bei Zwangsstörungen finden sich für die affektiven Störungen, gefolgt von den Angststörungen und den Persönlichkeitsstörungen.

3.1 Epidemiologie

Bis Ende der 80er Jahre wurde die Zwangsstörung als eine sehr seltene psychiatrische Erkrankung angesehen. Man ging von einer 6-Monatsprävalenzrate von 0,05 bis 0,1% aus (Carey et al. 1980). International und national beschrieben die verschiedensten psychiatrischen Autoren die Zwangsstörung als eine sehr seltene und auch schwer therapierbare Erkrankung. Es war die „National Epidemiologic Catchment Area Study (ECA)" Anfang der 80er Jahre, die erstmals eine unerwartet hohe Prävalenzrate für Zwangsstörungen aufzeigte. In einer Erhebung untersuchte sie mehr als 18.000 Personen aus fünf verschiedenen Staaten der USA mit dem Diagnostic-Interview-Schedule (DIS) – einem strukturiertem Interview, das auf der Grundlage der DSM-III-Kriterien entwickelt wurde, – nach psychischen Störungen (Robins et al. 1991). Für Zwangsstörungen wurde eine 6-Monatsprävalenz von 1,6% gefunden, die Lebenszeitprävalenz lag zwischen 1,94 und 3,29%, der Durchschnittswert 2,5% (Karno et al. 1988). In der Münchner Follow-up-Studie (Wittchen et al. 1989), bei der ebenfalls eine repräsentative Bevölkerungsstichprobe untersucht wurde, beträgt die Lebenszeitprävalenz von Zwangsstörungen 2,03% und die 6-Monatsprävalenz, ähnlich wie in der ECA-Studie, 1,79%. Derzeit geht man von einer Verbreitung der Zwangsstörung in der Gesamtbevölkerung von 2 bis 3% aus.

Bisher vorliegende kulturvergleichende Studien (Finnland, Indien, Hongkong, Ägypten, Uganda, Türkei) zeigen, daß die Häufigkeit in den verschiedenen Kulturen ähnlich hoch liegt, die Themen und Ausgestaltung der Zwänge jedoch sehr unterschiedlich sein können (Reinecker 1994). Thematisch gibt es kultur- und zeithistorische Abhängigkeiten: War früher die Angst vor Seuchen im Vordergrund, so finden sich heutzutage eher AIDS und BSE als Themen von Zwängen wieder.

3.2 Geschlechterverteilung

Bei der Zwangsstörung sind die Geschlechter ungefähr gleich verteilt, zu diesem Ergebnis kommen die meisten Studien, wobei meistens ein leichtes, jedoch nicht signifikantes Überwiegen von Frauen festgestellt wird (z.B. Rasmussen u. Eisen 1991; Reinecker u. Zaudig 1995). Lediglich bei Rachman und Hodgson (1980) ergab sich für Frauen eine höhere Wahrscheinlichkeit, eine Zwangsstörung zu entwickeln (65%) als für Männer (35%). In der Windach-Studie (Hauke 1994; Reinecker u. Zaudig 1995) ergab sich ein leichtes Überwiegen der weiblichen Patienten (55% bei n=616 Patienten); insgesamt kann jedoch von einer Gleichverteilung der Geschlechter ausgegangen werden.

3.3 Alter bei Beginn der Zwangsstörung

Die Zwangsstörung beginnt meist im frühen Erwachsenenalter, je nach Studie schwanken die Angaben zwischen 20 und 26 Jahren. Als durchschnittliches Alter bei Beginn der Zwangsstörungen gilt 22 Jahre (Reinecker 1992; Minichiello 1990). Das Durchschnittsalter bei Beginn der Störung für Männer liegt bei 20 Jahren, für Frauen bei 25 Jahren (Minichiello 1990). In der Windach-Studie konnte bei 616 zwangsgestörten Patienten der Klinik Windach ein durchschnittliches Ersterkrankungsalter von 23,4 Jahren ermittelt werden (Erlbeck u. Gokeler 1993; Reinecker u. Zaudig 1995). Fast alle Studien über Zwangsstörungen weisen auf deutliche Geschlechtsunterschiede beim Beginn der Zwangsstörung hin: Männer erkranken durchschnittlich etwa 4 Jahre früher als Frauen (Karno et al. 1988). In der Windach-Studie konnte dieses Ergebnis nicht repliziert werden: Zwar erkrankten auch in dieser Stichprobe von 616 Patienten die Männer mit 23 Jahren durchschnittlich früher als Frauen, allerdings beträgt der Unterschied nur 1 Jahr und ist nicht signifikant.

3.4 Krankheitsdauer bis zum ersten Therapiekontakt

Der erste Kontakt zu therapeutischen Einrichtungen oder ambulanter Therapie findet meist 7 bis 7,5 Jahre nach Beginn der Zwangsstörung statt (Rachman u. Hodgson 1980; Reinecker 1992). Die meisten Patienten sind zu diesem Zeitpunkt um die 30 Jahre alt (Marks 1987). Einige wenige andere Studien (Hand u. Wittchen 1988; Reinecker u. Zaudig 1995) fanden 10 Jahre und mehr vom Beginn der Zwangsstörung bis zur ersten Behandlung.

3.5 Verlauf der Zwangsstörung

Der Beginn der Störung kann entweder schleichend oder akut sein. Die ältere Literatur (Rachman u. Hodgson 1980) beschreibt beispielsweise den Beginn von Waschzwängen als eher akut, während sich ihrer Beobachtung nach Kontrollzwänge eher schleichend entwickeln. Auch Marks (1987) berichtet noch, daß sich in einigen Fällen die Zwangsstörung innerhalb weniger Stunden entwickeln kann. Die meisten Literaturangaben allerdings sprechen übereinstimmend davon, daß die Zwangsstörung in den meisten Fällen entweder chronisch stabil oder progredient oder auch in Schwankungen verläuft, aber selten so, daß der Patient phasenweise symptomfrei wäre. Ein episodischer oder phasischer Verlauf (völlige Remission nach Beginn der Erkrankung) ist wohl eher selten.

3.6 Häufigkeit und Verteilung von Zwangs- gedanken und Zwangshandlungen

Fast alle Studien, die die Verteilung von Wasch- und Kontrollzwängen untersuchen, kommen zu dem Ergebnis, daß **Waschzwänge** häufiger auftreten als **Kontrollzwänge** (de Silva u. Rachman 1992). In der Verteilung von Wasch- und Kontrollzwängen finden sich in der Literatur Geschlechtsunterschiede: bei **Waschzwängen** sind **Frauen** überrepräsentiert (Marks 1987; de Silva u. Rachman 1992); der Anteil von Frauen mit Waschzwängen beträgt zwischen 66 und 86%. Bei Kontrollzwängen gehen die meisten Autoren (Rachman u. Hodgson 1980; de Silva u. Rachmann 1992) von einer weitgehenden Gleichverteilung auf beide Geschlechter aus. Nach Marks (1987) und Reinecker und Zaudig (1995) sind die **Kontrollzwänge** bei **Männern** deutlich häufiger als bei Frauen: In der Windach-Studie (n=607) waren 63% der Patienten mit Kontrollzwängen männlich. Es liegt natürlich nahe, einen Zusammenhang zwischen Geschlecht und Erscheinungsform mit der Geschlechtsrollentheorie zu erklären (Hoekstra et al., 1989). Die Daten der Windach-Studie unterstützen eine derartige Hypothese jedoch nicht: Untersucht man nur die Häufigkeit der verschiedenen Zwangsformen bei Frauen, ergibt sich bei 607 Patienten, daß die Waschzwänge nicht die dominante Zwangsform darstellen, sondern auch bei weiblichen Patienten die größte Wahrscheinlichkeit für die Entwicklung eines Kontrollzwangs besteht (Reinecker u. Zaudig 1995).

3.7 Komorbidität und Zwangsstörung

Klassifikationssysteme wie DSM-IV und ICD-10 führen durch den Wegfall restriktiver hierarchischer Entscheidungskriterien zu einer Zunahme psychiatrischer Diagnosen und damit zu einer höheren Rate an psychiatrischer Komorbidität (Francis et al. 1995). Im Bereich der Zwangsstörung ergab sich unter Zugrundelegung einer DSM- oder ICD-10-Diagnostik eine sehr hohe Komborbidität mit affektiven Störungen und in Form von Angststörungen (Milanfranchi et al. 1995; Crino u. Andrews 1996). Die höchsten Komorbiditätsraten im Bereich der Persönlichkeitsstörungen ergaben sich bei der vermeidenden und dependenten Persönlichkeitsstörung sowie für Borderline- und histrionische Persönlichkeitsstörungen (Rasche-Räuchle et al. 1995; Torres u. Delporte 1995). Dennoch ist die Streuung der Komorbiditätsraten sehr hoch, beispielsweise liegen die Angaben für die Komorbidität einer Major-Depression zwischen 13% (Rasche-Räuchle et al. 1995) und 50% (Crino u. Andrews 1996), bis zu 67% bei Rasmussen und Eisen (1991). Eine große Rolle für die Einschätzung der Komorbidität spielen das jeweils benutzte Klassifikationssystem und die Frage, ob ein strukturiertes oder voll standardisiertes Interviewverfahren eingesetzt wurde oder gar nur der basale klinische Eindruck zur Diagnose einer zusätzlichen komorbiden Störung führte. Ähnlich heterogen wie für die Major-Depression sind die Zahlen für Angststörungen, diese liegen zwischen 4% (Rasche-Räuchle et al. 1995) und 54% (Crino u. Andrews 1996). Bezüglich der Komorbidität mit Persönlichkeitsstörung ergeben sich je nach Studie Werte von 15,2% (Ecker u. Dehmlow 1994) bis hin zu Werten von 49 bis 56% (Mavissakalian et al. 1990). Gerade die sehr hohe Variation in den prozentualen Angaben zur Komorbidität mahnen zur Vorsicht, dennoch kann davon ausgegangen werden, daß affektive Störungen, Angststörungen und Persönlichkeitsstörungen bei Zwangsstörungen am häufigsten vorkommen und die Therapie sicherlich nicht erleichtern. Nicht unbedeutend ist auch die Komorbiditätsrate von 12,2% für Schizophrenie (Karno et al. 1988).

4 Biologische Grundlagen von Zwangsstörungen

Ulrich Hegerl und Paraskevi Mavrogiorgou

Zusammenfassung

- Die gut belegte therapeutische Wirksamkeit von Serotonin-Agonisten (Serotonin-Wiederaufnahmehemmern) sowie Hinweise auf eine überlegene Wirksamkeit serotonerger gegenüber noradrenergen Antidepressiva bei Patienten mit Zwangsstörungen sind Argumente für eine mögliche pathogenetische Bedeutung des serotonergen Systems. Da gute Indikatoren für den Funktionszustand des zentralen serotonergen Systems fehlen, ist eine Überprüfung dieser Hypothese schwierig.
- Bei Patienten mit Zwangsstörungen sind größere Amplituden der P300 und der CNV sowie kürzere P300-Latenzen beschrieben. Diese Befunde sind bemerkenswert, da die meisten psychiatrischen Erkrankungen mit entgegengesetzten Veränderungen einhergehen. Sie werden als Ausdruck einer erhöhten zentralnervösen Aktivierung interpretiert.
- Während die Befunde der strukturellen Bildgebung (CCT, NMR) heterogen sind, ist von mehreren Autoren mit der funktionellen Bildgebung (SPECT, PET) eine Überaktivität im Bereich des orbitomedialen Kortex gefunden worden, die sich parallel mit der Zunahme der Zwangssymptome durch Exposition bzw. der Abnahme der Zwangssymptomatik unter medikamentöser oder verhaltenstherapeutischer Behandlung änderte. Diese Befunde führten zu spekulativen pathogenetischen Modellen, die von einer erhöhten positiven Rückkoppelung zwischen orbitofrontalem Kortex und Thalamus in Folge einer Dysfunktion im Bereich der Basalganglien ausgehen.

4.1 Einleitung

Im Schatten psychologischer Erklärungsmodelle der Zwangsstörung wurde die Erforschung der biologischen Grundlagen lange Zeit vernachlässigt. Dies änderte sich in den letzten 10 Jahren, insbesondere auch in Folge der Beobachtung, daß bei einem großen Teil der Patienten mit Zwangsstörungen serotonerge Psychopharmaka wirksam sind. Hinzu kommt, daß für Zwangsstörungen die allgemeinen Voraussetzungen zur Erforschung der biologischen Grundlagen vergleichsweise günstig sind (s. Tab. 4.1).

Tab. 4.1 Faktoren, die die Erforschung der biologischen Grundlagen der Zwangsstörung begünstigen

---

- Die diagnostische Reliabilität ist vergleichsweise hoch.
- Beim einzelnen Patienten ist das Krankheitsbild meist über Jahre hinweg stabil.
- Im Vergleich zu anderen psychiatrischen Erkrankungen wie z.B. depressiven Störungen weist die Zwangsstörung eine deutlich niedrigere Plazebo-Responserate auf (ca. 5%).
- Die selektive Wirksamkeit von Serotonin-Wiederaufnahmehemmern läßt eine besondere pathogenetische Rolle des serotogenen Systems vermuten.

Für die Bedeutung biologischer Faktoren bei Zwangsstörungen spricht eine Vielzahl von Befunden. So wurden z.B. Zwangsstörungen vermehrt nach leichteren Schädel-Hirn-Traumata ohne nachweisbare fokale Hirnläsionen, nach fokalen Hirnläsionen und nach entzündlichen oder entzündlich-immunologischen Hirnerkrankungen wie der Economo Enzephalitis oder der Chorea minor Sydenham beobachtet. Auffällig ist, daß die Basalganglien häufig involviert sind. Zudem weisen Patienten mit Zwangsstörungen gehäuft neurologische „soft signs" und Auffälligkeiten in neuropsychologischen Tests auf.

Frühere Berichte über ein gehäuftes Auftreten von Zwangsstörungen bei Geburtskomplikationen in der Vorgeschichte konnten in einer unselektierten Geburtskohortenstudie an 930 Personen nicht bestätigt werden (Douglass et al. 1995).

Familienuntersuchungen und Zwillingsstudien weisen darauf hin, daß genetische Faktoren eine gewisse, wenn auch keine sehr bedeutende Rolle bei der Pathogenese von Zwangsstörungen spielen dürften (Überblick bei Rasmussen 1994).

Im folgenden werden biologische Befunde bei Zwangsstörungen dargestellt mit der Frage, ob sich bereits ein empirisch gestütztes biologisches Erklärungsmodell der Zwangsstörungen abzeichnet.

4.2 Zentrale serotonerge Funktion

Die therapeutische Wirksamkeit serotoninagonistischer Substanzen wie Clomipramin oder die selektiven Serotonin-Wiederaufnahmehemmer (SSRI) haben das Forschungsinteresse auf die Frage gelenkt, ob eine serotonerge Dysfunktion ein wesentlicher pathogenetischer Faktor bei Zwangsstörungen ist. Das zentrale Serotonin-System gehört zu den phylogenetisch und ontogenetisch ältesten neuromodulatorischen Systemen. Die Zellkörper liegen in den Raphekernen im Hirnstamm. Es handelt sich hier um eine vergleichsweise sehr kleine Zahl von Neuronen (ca. 250 000 im N. raphe dorsalis), die jedoch einen extrem hohen Verzweigungsgrad aufweisen und so gut wie das gesamte Zentralnervensystem innervieren. Bei Depolarisation des serotonergen Neurons wird das Serotonin nur zu einem Teil in einen synaptischen Spalt und zum größeren Teil ohne synaptischen Kontakt in den Extrazellulärraum freigesetzt. Aufgrund dieser und anderer Eigenschaften ist das serotonerge System gut geeignet, um eine tonisch modulierende Funktion auf so gut wie alle Bereiche des Zentralnervensystems auszuüben. Zu bedenken ist, daß das serotonerge System in sich heterogen ist, daß die serotonerge Neurotransmission über eine Vielzahl von Rezeptoren erfolgt, und daß enge Wechselwirkungen zwischen dem serotonergen System und anderen neuromodulatorischen Systemen wie dem dopaminergen oder noradrenergen System bekannt sind. Von den bisher mehr als 15 bekannten 5HT-Rezeptoren (5HT-Serotonin) sind die folgenden am besten untersucht: die 5HT1a-Rezeptoren, die sowohl präsynaptisch als somatodentritische Autorezeptoren als auch postsynaptisch lokalisiert sind, die 5HT1d-Rezeptoren (präsynaptisch als terminale Autorezeptoren, auch postsynaptisch) und die postsynaptischen 5HT2-Rezeptoren, die in 5HT2a- und 5HT2c-Rezeptoren (früher 5HT1c) unterteilt werden (Abb. 4.1).

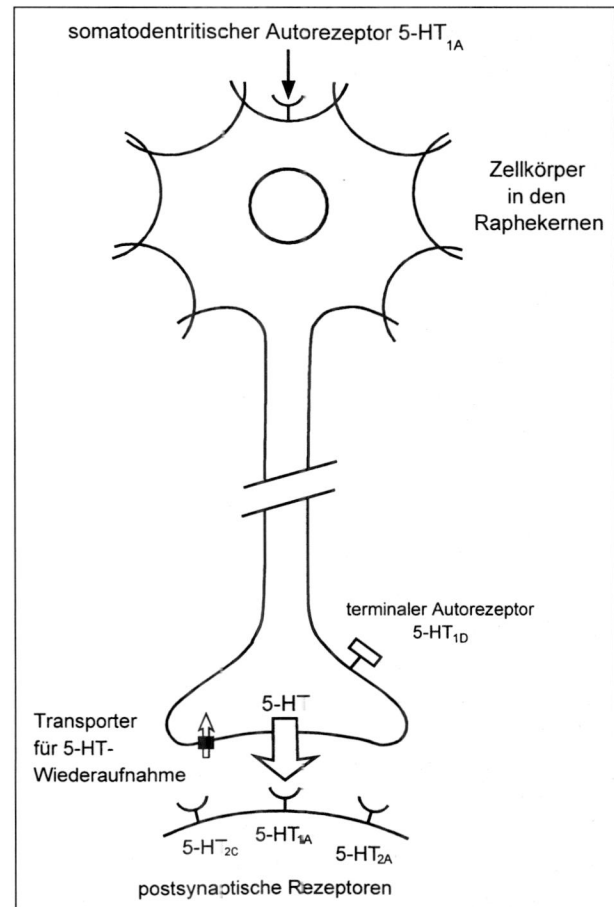

Abb. 4.1 Dargestellt sind in schematisierter Form ein serotonerges Neuron mit einer seiner zahlreichen Synapsen sowie die bisher am besten untersuchten prä- und postsynaptischen Rezeptoren.

Wodurch ist nun die pathogenetische Rolle dieses Systems bei Zwangsstörungen belegt?

Selektive klinische Wirksamkeit
von Serotonin-Wiederaufnahmehemmern

Ein starkes Argument für die Bedeutung einer serotonergen Dysfunktion bei Zwangsstörungen sind Hinweise auf das selektive pharmakotherapeutische Ansprechen auf Substanzen, die die Serotonin-Wiederaufnahme hemmen. Zu nennen sind hier Clomipramin und die SSRI (selektive Serotonin-Reuptake-Inhibitoren, z.B. Paroxetin, Citalopram, Fluvoxamin, Fluoxetin, Sertralin). Die therapeutische Wirkung dieser Substanzen bei Zwangsstörungen wurde in vielen kontrollierten Studien belegt und kann durch Gabe eines Serotonin-Antagonisten (Metergolin) teilweise rückgängig gemacht werden. Auch weisen einige kleinere Studien auf eine überlegene Wirksamkeit serotonerger Antidepressiva gegenüber noradrenergen Antidepressiva hin (Überblick s. Kap. 8).

Die Frage nach dem genauen therapeutischen Wirkmechanismus der SSRI ist nicht einfach zu beantworten. Diese Substanzen hemmen einen spezifischen und hochaffinen Membrantransporter, durch den der Großteil des in den synaptischen Spalt und den Extrazellulärraum freigesetzten Serotonins wieder in das präsynaptische Neuron aufgenommen und damit aus dem Wirkbereich entfernt wird. Zunächst ist deshalb zu erwarten, daß es durch Hemmung dieser Serotonin-Wiederaufnahme zu einer Zunahme der Serotonin-Konzentration im synaptischen Spalt und damit zu einer verstärkten serotonergen Neurotransmission kommt. Gegenregulatorische Effekte über die 5-HT1a- und 5-HT1d-Autorezeptoren wirken dem jedoch entgegen und können sogar zu einer initialen Abnahme der serotonergen Neurotransmission nach Gabe von Serotonin-Wiederaufnahmehemmern führen (Überblick bei Gardier et al. 1996, El Mansari et al. 1995). Die vereinzelt zu beobachtende initiale Verschlechterung der Zwangssymptomatik nach Gabe von SSRI könnte hiermit in Verbindung stehen. Erst nach längerfristiger Gabe von Serotonin-Wiederaufnahmehemmern kommt es dann jedoch zu einer deutlicheren Zunahme der extrazellulären Serotonin-Konzentration, möglicherweise weil die somatodendritischen (5-HT1a-Rezeptoren) oder terminalen Autorezeptoren (beim Menschen 5-HT1d-Rezeptoren) unempfindlich werden und ihre gegenregulatorische Wirksamkeit verlieren. Eine Abnahme der prä- und postsynaptischen 5-HT1a-Rezeptorsensitivität unter einer chronischen SSRI-Gabe bei Patienten mit Zwangsstörungen legen z.B. die Ergebnisse von Lesch et al. (1991) nahe. El Mansari et al. (1995) fanden Hinweise darauf, daß im orbitofrontalen Kortex erst nach einer 8wöchigen Behandlung mit einem SSRI eine Desensitivierung der terminalen 5-HT-Autorezeptoren erfolgt und nicht bereits nach drei Wochen, wie in anderen Hirnregionen (Blier u. Bergeron 1996). Die Zeitspanne von acht Wochen entspricht der Wirklatenz von Serotonin-Wiederaufnahmehemmern bei Zwangsstörungen. Von Blier und Bergeron (1996) wurde angenommen, daß die Desensitivierung der 5-HT1d-Rezeptoren unter einer Behandlung mit SSRI von wesentlicher Bedeutung für die pharmakotherapeutische Wirksamkeit von SSRI sein dürfte.

Periphere serotonerge Indikatoren

Für einen Zusammenhang zwischen Zwangsstörungen und serotonerger Funktion sprechen einige Befunde mit peripheren serotonergen Indikatoren (Tab. 4.2). Genauere Rückschlüsse auf die Art der serotonergen Dysfunktion können aus diesen Studien jedoch nicht gezogen werden, da der Zusammenhang zwischen zentraler serotonerger Neurotransmission und den untersuchten peripheren serotonergen Indikatoren unklar ist.

Stimulationstests

Um weitere Hinweise auf eine serotonerge Dysfunktion bei Zwangsstörungen zu bekommen, wurde die veränderte Freisetzung von Prolaktin und Kortisol nach Gabe serotonerger Challenge-Substanzen untersucht. Da die Freisetzung von Prolaktin und Kortisol u.a. durch das serotonerge System beeinflußt wird, erhofft man sich über Stimulationstests indirekte Hinweise auf den Funktionszustand des zentralen serotonergen Systems. Im Rahmen dieser Stimulationstests wurde in einer Reihe von Studien **Meta-Chlorophenyl-Piperazin (mCPP)** als serotonerge Substanz verwendet. mCPP bindet mit hoher Affinität an 5-HT2c-Rezeptoren, aber auch an 5-HT2a, 5-HT1b und 5-HT1d-Rezeptoren. Die 5-HT-Wiederaufnahme wird durch diese Substanz möglicherweise ebenfalls beeinflußt. mCPP wird als partieller Serotonin-Agonist angesehen, da z.B. Untersuchungen von Fiorella et al. (1995) darauf hinweisen, daß mCPP als 5-HT2c-Agonist aber auch als 5-HT2a- und 5-HT3-Antagonist wirkt. Diese Substanz führt bei gesunden Probanden zu einer Zunahme der Prolaktin und Kortisol-Freisetzung und kann angstprovozierend sein, möglicherweise über 5-HT2c-agonistische Effekte (Gibson et al. 1994). Die Ergebnisse der Stimulationstests bei Patienten mit Zwangsstörungen sind jedoch nur wenig konsistent. Die von einigen Autoren beobachtete verringerte Kortisol- und Prolaktin-Freisetzung nach mCPP bei Patienten mit

Tab. 4.2 Zusammenhänge zwischen Zwangsstörung und peripheren serotonergen Indikatoren

---

- Höhere Liquorkonzentrationen von 5-Hydroxyindolessigsäure (5-HIAA), dem Hauptmetaboliten des Serotonins, bei Patienten mit Zwangsstörungen im Vergleich zu Kontrollen (Insel et al. 1985, Asberg et al. 1982).
- Höhere Serotonin-Konzentration im Vollblut bei Patienten mit Zwangsstörungen mit positiver Familienanamnese (Hanna et al. 1991).
- Signifikante Korrelation (r=0,75) zwischen Besserung der Zwangssymptome während einer Behandlung mit Clomipramin und der Abnahme der 5-HIAA-Konzentration im Liquor (Thoren et al. 1980).
- Signifikante Korrelation (r=0,77) zwischen der klinischen Besserung und der Abnahme der Serotonin-Konzentration in den Thrombozyten bei Kindern mit Zwangssymptomatik unter einer Behandlung mit Clomipramin (Flament et al. 1987).

Zwangsstörungen gegenüber gesunden Kontrollen konnte von anderen nicht bestätigt werden. Gleiches gilt für die ursprünglich von Zohar et al. (1987) beschriebene Zunahme der Zwangssymptomatik nach Gabe von mCPP. Unklar bleibt auch eine beobachtete Abhängigkeit der Effekte von mCPP vom Applikationsweg (oral versus parenteral) (Pigott et al. 1993). Die Interpretation der Befunde wird weiter dadurch erschwert, daß die Prolaktin-Ausschüttung auch von dopaminergen Faktoren abhängt und die Kortisol-Freisetzung durch Serotonin-Agonisten möglicherweise nicht nur auf der Ebene des Hypothalamus, sondern auch der des Hypophysenvorderlappens und der Nebennierenrinde beeinflußt wird.

Konsistenter als die Ergebnisse mit mCPP sind die Ergebnisse bei Verwendung von Fenfluramin als serotonerge Stimulationssubstanz (Tab. 4.3). Fenfluramin erhöht die Serotonin-Freisetzung, blockiert die Wiederaufnahme von Serotonin, und der Hauptmetabolit Norfenfluramin hat vermutlich zudem direkte Serotonin-agonistische Effekte. Als Razemat (DL-Fenfluramin) hat Fenfluramin auch Dopamin-antagonistische Effekte. In der Mehrzahl der Studien bei Zwangspatienten ist nach Gabe von Fenfluramin eine verringerte Freisetzung von Prolaktin und Kortisol festzustellen. Die beobachteten Veränderungen der Prolaktin-Sekretion nach Fenfluramin bei Patienten mit Zwangsstörungen sind jedoch nicht als pathophysiologischer Trait anzusehen, da eine 10wöchige Fluvoxamin-Behandlung zu einer Normalisierung der Prolaktin-Response führt (Monteleone et al. 1996). Interessanterweise scheinen Substanzen wie Ipsapiron und Buspiron, die als selektive 5-HT1a-Agonisten wirken, bei Patienten mit Zwangsstörungen keine gegenüber Kontrollen veränderten Prolaktin- oder Kortisol-Antworten hervorzurufen. Dies könnte ein Hinweis darauf sein, daß eine Störung des 5-HT1a-Agonisten keine wesentliche Rolle bei der Pathogenese der Zwangsstörungen spielt.

Zusammenfassung

Da durch Serotonin-Agonisten die Zwangssymptomatik zwar gebessert, meist jedoch nicht völlig beseitigt wird (nur ein Teil der Patienten spricht auf eine derartige Medikation an), da auch andere psychiatrische Syndrome mit Serotonin-Agonisten behandelt werden können, und da künstlich herbeigeführte Serotonin-Mangelzustände zu keiner Zwangssymptomatik führen (Heninger et al. 1996), ist es unwahrscheinlich, daß eine serotonerge Dysfunktion ein spezifischer und zentraler pathogenetischer Faktor bei Zwangsstörungen ist. Das stärkste, wenn auch indirekte Argument für eine gewisse pathogenetische Bedeutung des serotonergen Systems bei Zwangsstörungen ist das gruppenstatistisch gesicherte klinische Ansprechen auf Serotonin-Wiederaufnahmehemmer. Bezüglich des Wirkmechanismus der SSRI sind die Hinweise auf eine Desensitivierung der terminalen 5-HT1d-Autorezeptoren von besonderem Interesse (El Mansari et al. 1995), da die beobachteten Veränderungen der Rezeptorfunktion nach Gabe von SSRI in einem ähnlichen Zeitbereich wie die klinische Response liegen und den frontalen Kortex

Tab. 4.3 Stimulationstests mit Fenfluramin

Design	N	Prolaktin (Patienten vs. Kontrollen)	Kortisol (Patienten vs. Kontrollen)	Verhalten der Patienten	Kommentar	Autoren
dl-Fenfluramin plazebokontrolliert	21 OCD 27 Kontrollen	=	Ø	Zwangssymptome =		McBride et al. 1992
Doppelblind plazebokontrolliert d-Fenfluramin	14 OCD 10 Kontrollen	=	=	Zwangssymptome =		Hollander et al. 1992
d-Fenfluramin	10 OCD (männlich) 10 Kontrollen	➘	➘	Ø	erniedrigte neuroendokrine Response auch bei depressiven Patienten	Lucey et al. 1992 a
dl-Fenfluramin	26 OCD 20 Kontrollen	➘	Ø	Ø	erniedrigte Prolaktin-Response insbesondere bei Frauen	Hewlett et al. 1992
d-Fenfluramin	8 OCD 8 Kontrollen	➘	➘	Ø		Lucey et al. 1993
d-Fenfluramin plazebokontrolliert	15 OCD 10 Kontrollen	➘	Ø	Ø	Normalisierung der Prolaktin-Response nach 10wöchiger Fluvoxamin-Behandlung	Monteleone et al. 1996

➘ erniedrigt, Ø kein Befund, = keine Veränderung

betreffen, der bei Patienten mit Zwangsstörungen häufig Funktionsauffälligkeiten aufweist (s. u.).

Hinweise auf eine serotonerge Dysfunktion ergeben sich auch aus den Untersuchungen peripherer Marker des Serotonin-Systems sowie den Stimulationstests. Diese Befunde sind insgesamt jedoch recht inkonsistent und erlauben keine genaueren Rückschlüsse auf die Art der Störung im serotonergen System. Neurophysiologische Untersuchungen unter Berücksichtigung der Lautstärkeabhängigkeit der akustisch evozierten Potentiale als Indikator der serotonergen Neurotransmission stützen die Hypothese einer serotonergen Dysfunktion bei Patienten mit Zwangsstörungen nicht (s. u.).

4.3 Hirnelektrische Befunde

EEG in Ruhe und im Schlaf

In älteren Arbeiten mit visueller EEG-Befundung und ohne klare Diagnosekriterien wurde bei einem kleinem Teil der Patienten mit Zwangsstörungen über unspezifische EEG-Auffälligkeiten berichtet. Wiederholt wurden temporale und temporofrontale Auffälligkeiten in Form von Theta-Aktivität und Gruppen mit steilen Wellen beschrieben, wie sie in Verbindung mit komplex-partiellen Anfällen zu beobachten sind. Jenike und Brotman (1984) behandelten vier der 12 untersuchten Patienten mit Zwangsstörungen, die entsprechende temporale und temporofrontale Auffälligkeiten aufwiesen, mit Antiepileptika und konnten bei nur einem dieser vier eine Besserung der Zwangssymptomatik beobachten.

Studien mit quantitativer EEG-Analyse sind in Tabelle 4.4 zusammengefaßt. Die Ergebnisse der verschiedenen Arbeitsgruppen sind wegen methodischer Unterschiede nur schwer vergleichbar. Sowohl Khanna et al. (1989) als auch Kuskowski et al. (1993) fanden eine rechtshemisphäral und frontal verminderte Aktivität (Power). Berichtet wurde auch über eine verminderte EEG-Variabilität linkstemporal und frontotemporal (Flor-Henry et al. 1979, Perros et al. 1992).

Von möglichem klinischem Interesse sind die Untersuchungen, in denen 27 unmedizierte Patienten mit Zwangsstörungen untersucht und aus einer Vielzahl von EEG-Parametern einschließlich intra- und interhemisphäraler Kohärenzwerte nach Z-Transformation gegenüber Normdaten multivariate Faktoren berechnet wurden, die dann in eine multivariate Clusteranalyse eingingen (Prichep et al. 1992). Cluster 1 war durch erhöhte relative Power-Werte im Theta-Bereich, insbesondere frontal und frontotemporal, charakterisiert, Cluster 2 durch erhöhte relative Power-Werte im Alpha-Bereich. Obwohl sich die Patienten in den beiden Clustern klinisch nicht unterschieden, wiesen sie eine unterschiedliche Pharmakoresponse auf. Nach einer 12wöchigen Behandlung mit SSRI oder Clomipramin erwiesen sich 80% der Patienten aus Cluster 1 als Nonresponder, dagegen 82% der Patienten aus Cluster 2 als Responder. Diese Ergebnisse könnten auf die Existenz zweier Untergruppen hinweisen, wobei die für Cluster 1 typischen

Tab. 4.4 Quantitatives EEG bei Patienten mit Zwangsstörungen im Vergleich zu gesunden Kontrollen

Autoren	N	Methode	Ergebnis
Flor-Henry et al. 1979	10 OCD unmediziert 23 Kontrollen	Ruhe-EEG und kognitive Aufgabe 2 temporale und 2 parietale Kanäle	keine Unterschiede in Power-Werten linkstemporal erniedrigte Variabilität unter Ruhebedingungen im Beta-Bereich
Khanna et al. 1987	50 OCD 50 Kontrollen	Ruhe-EEG 8 Kanäle	Power rechts frontomedial und posteriotemporal in allen Frequenzbändern erniedrigt
Perros et al. 1992	13 OCD 11 Kontrollen	Ruhe-EEG 19 Kanäle	erhöhte relative Power-Werte im Theta-Bereich bei T3, F3, T4, T5; erniedrigte Variabilität links frontotemporal
Kuskowski et al. 1993	13 OCD unmediziert 10 Kontrollen	Ruhe-EEG 15 Kanäle	absolute Power in Delta-, Beta-1 und Beta-2-Band erniedrigt, besonders frontal und rechtshemisphäral
Serra et al. 1994	50 OCD 50 Angststörung 25 Kontrollen	Ruhe-EEG frontotemporale und zentrookzipitale Kanäle	Alpha-Power okzipital erhöht; bei Patienten mit Angststörungen dagegen erniedrigt
Locatelli et al. 1996	37 OCD unmediziert 30 Kontrollen	Ruhe-EEG und olfaktorische Stimulation; 6 temporofrontale Elektroden mit common average reference	in Ruhe Delta-1-Power erhöht und Alpha-2-Power erniedrigt; unter Stimulation Zunahme der Beta-1-Power nur bei Kontrollen

erhöhten frontalen und frontotemporalen Theta-Werte mit den in der Literatur wiederholt beschriebenen Auffälligkeiten bei Zwangsstörungen übereinstimmen.

Von mehreren Autoren wurden Schlaf-EEG-Untersuchungen bei Patienten mit Zwangsstörungen durchgeführt, u.a. mit der Frage, ob ähnlich wie bei depressiven Störungen eine verkürzte REM-Latenz oder eine erhöhte REM-Dichte besteht. Auch bei Patienten mit Zwangsstörungen wurde eine Verkürzung der REM-Latenz beobachtet (Insel et al. 1982), was jedoch von anderen Autoren nicht bestätigt wurde (Hohagen et al. 1994). Hinsichtlich der REM-Dichte unterscheiden sich die Patienten mit Zwangsstörungen nicht von gesunden Kontrollen. Widersprüchlichkeiten in der Literatur könnten durch eine unterschiedliche Komorbidität mit depressiven Störungen zu erklären sein.

Ereigniskorrelierte Potentiale (EKP)

EKP wurden bei Patienten mit Zwangsstörungen in der visuellen (VEP), akustischen (AEP) und somatosensiblen Modalität (SEP) untersucht (Tab. 4.5).

Als weitgehend konsistentes Ergebnis ist festzuhalten, daß bei Patienten mit Zwangsstörungen vor allem nach komplizierten kognitiven Aufgaben (z.B. visuospatiale Aufgaben) oder nach komplexen visuellen Stimuli (Schachbrettmusterreize) verkleinerte Amplituden und verkürzte Latenzen der P300 zu beobachten waren. Die verkürzten Latenzen bei verkleinerten Amplituden sind ein erstaunlicher Befund, da bei anderen psychiatrischen Erkrankungen meist verkleinerte Amplituden mit einer verlängerten Latenz kombiniert sind. Die Latenzverkürzung könnte Ausdruck des bei Patienten mit Zwangsstörungen beschriebenen Hyperarousals oder einer Disinhibition sein. Von möglichem klinischen Interesse ist auch die Beobachtung, daß Patienten mit großer N200 signifikant besser auf eine Behandlung mit Clomipramin oder Fluoxetin ansprachen (Towey et al. 1993). Bezüglich der Contingent–Negative-Variation (CNV), einer Negativität, die sich im Intervall zwischen einem Warnsignal und einem imperativen Stimulus entwickelt, sind weitgehend übereinstimmend vergrößerte Amplituden beobachtet worden, auch dies ein für Zwangsstörungen relativ spezifisches Ergebnis, da die meisten psychiatrischen Störungen mit verkleinerter CNV einhergehen (Überblick z.B. Rockstroh et al. 1989). Patienten mit Gille-de-la-Tourette-Syndrom (GTS) und zusätzlicher Zwangssymptomatik wiesen kürzere Latenzen der N200- und P300-Komponenten auf als GTS-Patienten ohne Zwangssymptomatik, während GTS-Patienten mit zusätzlichen Aufmerksamkeitsstörungen größere N100- und N200-Latenzen zeigten (Drake et al. 1992).

Die Abhängigkeit der Amplitude der akustisch evozierten Potentiale (N1/P2-Komponente) von der Stimulusintensität steht mit der zentralen serotonergen Neurotransmission in Beziehung und wird als ein Indikator der serotonergen Funktion diskutiert. Eine Reihe theoretischer und empirischer Argumente einschließlich tierexperimenteller Untersuchungen belegen, daß eine geringe Lautstärkeabhängigkeit der akustisch evozierten Potentiale (LAAEP) auf eine starke serotonerge Neurotransmission hinweist und umgekehrt (Hegerl u. Juckel

Tab. 4.5 Ereigniskorrelierte Potentiale bei Patienten mit Zwangsstörungen

Autoren	N	Methode	Ergebnis
Beech et al. 1983	8 OCD unmediziert 8 Kontrollen	VEP, Diskriminationsaufgabe 2 Kanäle (P3 und P4 gegen verbundene Ohren)	bei größerer Aufgabenkomplexität deutlichere Amplitudenreduktionen (N200, P300) und Latenzreduktionen (N200, P300)
Shagass et al. 1984	14 OCD unmediziert 14 Kontrollen	SEP, VEP, AEP; 19 Kanäle	SEP : N60 größer; VEP : N75 kleiner und früher, P300 später; AEP : P50 kleiner und später, N75 später, P85 später
Khanna et al. 1989	50 OCD 40 Kontrollen	AEP, VEP	keine Unterschiede
Malloy et al. 1989	18 OCD (z.T. mediziert) 18 Kontrollen	VEP, Go-NoGo-Aufgabe; 15 Kanäle Ableitung nur linkshemisphäral	N100, P100, N200 oder P200 nicht auffällig; P300 nach NoGo-Stimuli orbitofrontal vermindert
Towey et al. 1993	17 OCD 16 Kontrollen	akustisches Oddball-Paradigma 12 Kanäle, Nase als Referenz	Erschwerung der Stimulusdiskrimination führt bei Patienten zu keiner P300 oder N200-Latenzzunahme; N200-Amplitude vergrößert
Savage et al. 1993	15 OCD unmediziert 30 Kontrollen	VFP (Blitzlicht), AEP (binaurale Klicks) 19 Kanäle, verbundene Ohren als Referenz	AEP : N100 und P200-Latenz der AEP kürzer; VEP : nicht unterschiedlich
Serra et al. 1994	50 OCD 50 Angststörung	Hirnstammpotentiale (AEP)	bei OCD und Angststörung verlängerte Latenz der Wellen I und V; bei OCD Amplitudenreduktion der Welle III bei Ableitung rechtes Ohr
Matsunaga et al. 1996	25 Kontrollen 15 OCD unmediziert 11 Kontrollen	akustisches Oddball-Paradigma, 3 Kanäle	N200 und P300-Latenz kürzer, P300-Amplitude kleiner, N200-Amplitude größer, P300-Amplitude negativ mit Y-BOCS korreliert

1993). Die Hypothese, daß Patienten mit Zwangsstörungen in Folge einer serotonergen Hypofunktion eine stärkere LAAEP als gesunde Kontrollen aufweisen, konnte jedoch in einer eigenen Studie an 22 unmedizierten Patienten mit Zwangsstörungen nicht bestätigt werden. Die Patienten unterschieden sich hinsichtlich der LAAEP nicht von gesunden Kontrollen.

4.4 Hirnfunktionelle und hirnmorphologische Aspekte der Zwangsstörung

Das Verhalten von Patienten mit Zwangsstörungen ist Ausdruck einer veränderten Hirnfunktion, und Verfahren der funktionellen Bildgebung wie PET (Positron-Emissionstomographie) oder SPECT (Single-Photon-Emissionscomputertomographie) sind vielversprechend, um diese zustandsabhängigen Funktionsänderungen abzubilden. Dem psychopathologisch Gemeinsamen der Zwangssymptomatik könnte auf der physiologischen Ebene durchaus eine allen Patienten gemeinsame hirnfunktionelle Störung entsprechen. Mit der strukturellen Bildgebung (CCT, MRT) werden dagegen zeitstabile hirnstrukturelle Veränderungen und Läsionen erfaßt, die zu hirnfunktionellen Störungen führen. Da sehr unterschiedliche strukturelle Veränderungen ähnliche zerebrale Funktionsstörungen verursachen können, ist bei strukturdiagnostischen Verfahren wie CCT oder MRT eher mit heterogenen und gruppenstatistisch nur schwer faßbaren Ergebnissen zu rechnen.

Strukturelle Bildgebung

Wegen des bei einzelnen Patienten zu beobachtenden Zusammenhangs zwischen Erkrankungen im Bereich der Basalganglien und dem Auftreten von Zwangssymptomen sind CCT- und MRT-Untersuchungen interessant, in denen bei Patienten mit Zwangsstörungen vergrößerte Ventrikel (ventricle brain ratio, VBR) und ein vermindertes Volumen des N. caudatus gefunden wurden (Robinson et al. 1995). Diese Befunde wurden jedoch von anderen Autoren nicht bestätigt (Überblick z.B. bei Hoehn-Saric u. Benkelfat 1994).

Funktionelle Bildgebung

Mit Verfahren der funktionellen Bildgebung (SPECT, PET) wurde meist der zerebrale Blutfluß oder der Glukosemetabolismus gemessen. Wegen der großen inter- und intraindividuellen Variabilität der absoluten Werte für Blutfluß und Glukosemetabolismus spielen bei der Auswertung „normalisierte" Werte, das heißt das Verhältnis der Aktivität umschriebener zerebraler Regionen, zur z.B. kortikalen oder zerebralen Gesamtaktivität, die wichtigere Rolle. Trotz zahlreicher methodischer Unterschiede zeigten acht von zehn älteren Studien einige Übereinstimmung dahingehend, daß der präfrontale und insbesondere orbitomediale präfrontale Kortex bei Patienten gegenüber Kontrollen eine erhöhte Aktivität aufweist (Überblick z.B. bei Hoehn-Saric u. Benkelfat 1994). Die beiden abweichenden Studien werden jedoch durch einige neuere Studien gestützt, in denen sich ebenfalls keine Hinweise auf eine Hyperfrontalität bei Patienten mit Zwangsstörungen ergaben.

Von besonderem Interesse ist die Beobachtung, daß es unter Symptomprovokation, z.B. durch Exposition gegenüber einem „verschmutzten Handschuh" im Vergleich zu „Ruhebedingungen" zu einer Aktivitätszunahme u.a. im orbitofrontalen Kortex kam (Rauch et al. 1994; Cottraux et al. 1996). Umgekehrt ist von einigen Arbeitsgruppen unter einer erfolgreichen Behandlung der Zwangsstörungen mit Clomipramin, Fluoxetin oder durch neurochirurgische Eingriffe eine Abnahme der Aktivität im mediobasalen präfrontalen Kortex beobachtet worden, obwohl dies nicht von allen Autoren bestätigt wird. Zudem wurde eine signifikante Korrelation zwischen der Änderung der orbitofrontalen Aktivität und der Besserung der Zwangssymptomatik festgestellt.

Die Ergebnisse hinsichtlich der Basalganglien waren insgesamt weniger konsistent. Wiederholt wurden Hinweise auf einen erhöhten, aber auch erniedrigten Metabolismus im Bereich des Thalamus, des Striatum und des Pallidum gewonnen. Interessant ist eine neuere Arbeit (Schwartz et al. 1996), in der Responder, nicht jedoch Nonresponder auf Verhaltenstherapie unter Therapie eine relative Abnahme des Glukosemetabolismus im N. caudatus aufwiesen. Vor Medikation wurde zudem rechtshemisphäral eine Korrelation zwischen der Aktivität im orbitalen Kortex und dem Kopf des N. caudatus sowie dem Thalamus festgestellt. Diese Aktivitätskoppelung nahm unter erfolgreicher Therapie signifikant ab. Umgekehrt war unter Symptomprovokation von Rauch et al. (1994) eine Zunahme des zerebralen Blutflusses (PET-Methode) im orbitalen Kortex, in Striatum und Thalamus, aber auch limbischen Strukturen beobachtet worden, und McGuire et al. (1994) fanden u.a. auch für diese Strukturen eine signifikante Korrelation des Blutflusses mit der Zwangssymptomatik.

4.5 Pathogenetische Modelle

Von verschiedenen Autoren wurden pathogenetische Modelle der Zwangsstörung vorgeschlagen (Rapoport u. Wise 1988; Modell et al. 1989; Baxter et al. 1992; Insel 1992). Gemeinsam ist allen Modellen die Annahme, daß bei Patienten mit Zwangsstörungen eine Funktionsstörung der Regelschleife vorliegt, die den orbitofrontalen Kortex mit dem N. caudatus (exzitatorisch), diesen mit dem Pallidum (inhibitorisch), diesen mit dem Thalamus (inhibitorisch) und diesen wiederum mit dem orbitofrontalen Kortex (exzitatorisch) verbindet (Abb. 4.2). Hinsichtlich der genauen pathogenetischen Rolle der verschiedenen Strukturen besteht jedoch keine Einigkeit. Postuliert wurde, daß Zwangsstörungen eine

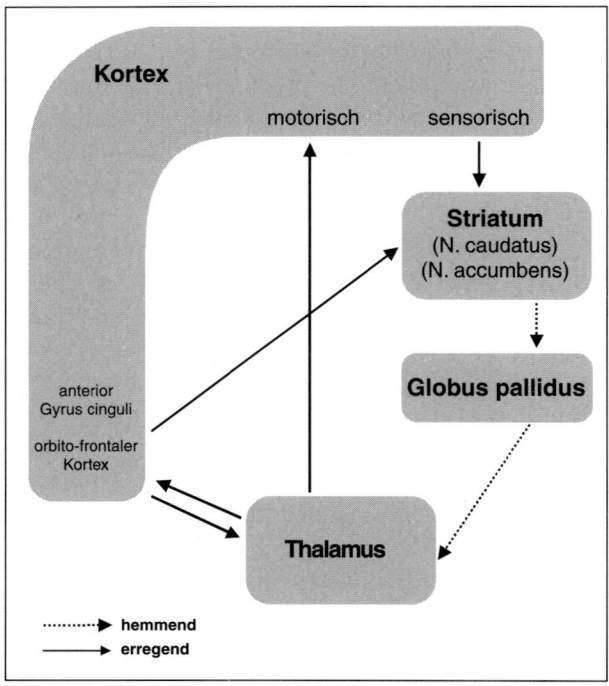

Abb. 4.2 Kortiko-subkortikale Regelschleifen, deren Dysfunktion als pathophysiologisches Korrelat von Zwangssymptomatik diskutiert wird (modifiziert nach Lesch 1991). Durch eine verstärkte direkte oder indirekte positive Rückkoppelung zwischen orbitofrontalem Kortex und Thalamus werden motorische/oder kognitive Schablonen aktiviert. Neurochirurgische Durchtrennungen der exzitatorischen subkortikalen Projektionen des orbitofrontalen Kortex bzw. des anterioren G. cinguli führen zu einer Besserung der Zwangssymptome.

orbitofrontale Überaktivität (Insel 1992) bzw. eine erhöhte positive Rückkoppelung zwischen orbitofrontalem Kortex und medialen Thalamuskernen (Modell et al. 1989) zugrunde liegt. Diese orbitofrontale Überaktivität wurde als Folge einer Dysfunktion im Bereich der Basalganglien interpretiert, die zu einer ungenügenden Hemmung der medialen Thalamuskerne bzw. der positiven Rückkoppelung zwischen orbitofrontalem Kortex und Thalamus führt (Abb. 4.2). Eine Basalganglienstörung würde demnach zu einer Disinhibition der reziproken orbitofrontalthalamischen Verbindung führen. Die pathogenetische Rolle einer Dysfunktion im Bereich der Basalganglien wurde auch von anderen Modellen in den Vordergrund gestellt (Rapoport u. Wise 1988; Baxter et al. 1992). Bei einer versuchsweisen Zuordnung umschriebener psychischer Funktionen zu den verschiedenen neuroanatomischen Strukturen wurde der orbitomediale präfrontale Kortex mit der Hemmung und Kontrolle von störenden äußeren und inneren Einflüssen auf das momentane Verhalten in Verbindung gebracht. Bei einer Schädigung in diesem Bereich kommt es zu einem Frontalhirnsyndrom mit einer erhöhten Ablenkbarkeit

und sozial unangepaßtem, enthemmtem Verhalten, ähnlich auch dem hyper-
kinetischen Syndrom bei Kindern. Zwangssymptomatik wäre demnach als Gegenteil eines Frontalhirnsyndroms zu sehen, als Ausdruck einer Überfunktion des
orbitomedialen präfrontalen Kortex. Bezüglich der Basalganglien wurde postuliert, daß diese bestimmte Schlüsselreize (z.B. Schmutz) erkennen und angebore-
ne Motorprogramme (z.B. Waschen) auslösen können. Diese Motorprogramme
können jedoch auch ohne den entsprechenden Schlüsselreiz ablaufen, ein Phäno-
men, das bereits auf physiologischer Ebene als Übersprungshandlung oder
Leerlaufhandlung bekannt ist.

Derartige Phänomene könnten unter anderem bei einem erhöhten Input von
orbitofrontalem Kortex oder anteriorem G. cinguli zum N. caudatus verstärkt auftreten (Rapoport u. Wise 1988) und eine zu Zwangssymptomatik führende Konstellation darstellen. Von dem serotonergen System ist anzunehmen, daß es korti-
kal und subkortikal modulierend auf diesen Funktionskreis einwirkt. Spekuliert
wurde unter anderem, ob die Wirkung der SSRI dadurch zu erklären wäre, daß sie
nach mehrwöchiger Gabe über eine Desensitivierung der Serotonin-Rezeptoren
zu einer Abnahme der Überaktivität im orbitofrontalen-striatalen Bereich führen
(z.B. Rapoport u. Wise 1988).

Die bisherigen pathogenetischen Modellvorstellungen sind als vorläufig und spe-
kulativ anzusehen. Einige kritische Punkte seien genannt:
- Die Hyperaktivität im Bereich des orbitofrontalen Kortex und der Basalganglien wird durch Symptomprovokation verstärkt und durch Pharmakotherapie oder vordere Kapsulotomie erniedrigt, d.h. sie ist in zustandsabhängiger
  Weise mit der Psychopathologie korreliert. Die Ursache der Hyperaktivität und
  damit möglicherweise der Zwangsstörung ist damit noch nicht geklärt.
- Unklar bleibt, wie spezifisch der Zusammenhang zwischen orbitofrontaler
  Hyperaktivität und der Zwangssymptomatik ist. Denkbar wäre, daß diese Hyperaktivität lediglich Ausdruck einer erhöhten kognitiv-emotionalen Anspannung bei Patienten mit Zwangsstörungen ist und keinen direkten Zusammenhang mit den eigentlichen Zwangssymptomen aufweist. Hieran lassen z.B.
  Untersuchungen an psychiatrisch gesunden Personen denken, in denen bewußt
  herbeigeführte oder spontan auftretende affektiv getönte Bilder und Zustände
  mit einer präfrontalen Aktivitätszunahme einhergingen.
- Die Studien zu der Frage nach einer orbito-fronto-striatothalamischen Überaktivität sind keineswegs konsistent. Diese Inkonsistenzen könnten zum Teil
  durch methodische Unterschiede begründet sein, aber auch auf Untergruppen
  von Patienten mit unterschiedlicher Pathophysiologie hinweisen.

Diesen kritischen Einwänden stehen jedoch auch empirische Befunde gegenüber,
die diese pathogenetischen Modelle stützen:
- Neurochirurgische Eingriffe, die bei schweren und therapieresistenten Verläu-
  fen erfolgreich sind, haben die Gemeinsamkeit, daß der frontale Kortex isoliert
  und die positive Rückkoppelung zwischen orbitofrontalem Kortex und medialen Thalamuskernen bzw. zwischen orbitofrontalem Kortex und dem Striatum

unterbrochen wird (Mindus et al. 1994). Umgekehrt können durch Stimulation des Gyrus cinguli anterior und präfrontaler Hirnareale repetitive motorische Phänomene ausgelöst werden.

- Bei Patienten mit Zwangsstörungen sind vor der Behandlung positive Korrelationen zwischen der Aktivität des orbitalen Kortex und dem N. caudatus sowie zwischen dem orbitalen Kortex und dem Thalamus gefunden worden. Diese Korrelationen waren bei den Patienten mit Zwangsstörungen nach Behandlung und auch bei gesunden Kontrollen oder depressiven Patienten nicht zu finden (Baxter et al. 1992). Dieser Befund könnte auf eine bei Patienten mit Zwangssymptomatik bestehende erhöhte positive Rückkoppelung zwischen diesen Strukturen hinweisen, wie sie z.B. in der Arbeit von Modell et al. (1989) postuliert worden ist.

Die dargelegten Befunde zu den biologischen Grundlagen von Zwangsstörungen lassen sich noch nicht zu einem überzeugenden pathogenetischen Modell zusammenfügen. Die intensive biologisch orientierte Forschungsarbeit im Bereich der Zwangsstörungen hat jedoch innerhalb der letzten 10 Jahre unseren Blick dafür geschärft, daß das gestörte Verhalten unserer Patienten mit Zwangsstörungen auf einer pathophysiologischen Grundlage steht, und auf dieser Ebene auch behandelbar ist.

5 Psychologische Modelle zur Erklärung der Entstehung und Aufrechterhaltung von Zwangsstörungen

Nico Niedermeier und Sabine Bossert-Zaudig

Zusammenfassung

- Die gegenwärtigen psychologischen Modelle zur Erklärung einer Zwangsstörung beziehen sich vornehmlich auf Erweiterungen des Zwei-Faktoren-Modells von Mowrer.
- Das Zwei-Faktoren-Modell besagt, daß Zwangsstörungen über klassische und operante Konditionierung erlernt und aufrechterhalten werden.
- Im Hinblick auf die Erweiterungen kommen den Ansätzen zur Preparedness und zu kognitiven Aspekten besondere Bedeutung zu.

5.1 Einleitung

Derzeit gibt es keine zufriedenstellende und umfassende psychologische Theorie, die alle Bedingungen der Entstehung und Aufrechterhaltung von Zwangsstörungen hinreichend erklären könnte (Reinecker 1991). Dennoch sind während der letzten 20 Jahre zahlreiche theoretische Modelle hinsichtlich Entstehung und Aufrechterhaltung von Zwangsstörungen veröffentlicht worden. Eine ausführliche Diskussion der verschiedenen Modelle findet sich bei Reinecker (1994). Trotz der unterschiedlichen theoretischen Modelle besteht hinsichtlich einiger Hypothesen Konsens, vor allem im Hinblick darauf, daß sie die Basis für einen verhaltenstherapeutischen Ansatz darstellen, der in der Therapie von Zwangserkrankungen eine hohe Effektivität aufweist. In diesem Rahmen soll eine Beschränkung auf die wesentlichen theoretischen Annahmen erfolgen, die Zwangsverhalten als gelerntes Verhalten begreifbar machen.

5.2 Das Zwei-Faktoren-Modell von Mowrer

Nach dem Zwei-Faktoren-Modell (Mowrer 1947) läßt sich die Genese von Zwangsgedanken und Zwangshandlungen wie folgt erklären:

1. Schritt: Klassische Konditionierung: In einer ersten Stufe wird mittels klassischer Konditionierung ein bisher neutraler Stimulus, z.B. ein verschmutzter

Türgriff, über die Verbindung mit einem aversiven Reiz (UCS), z.B. emotionale Belastung in der Familie, zu einem konditionierten Stimulus (CS), welcher die Bildung einer konditionierten emotionalen Reaktion (CR) (Angst, Anspannung) auslöst.

2. Schritt: Instrumentelle (operante) Konditionierung: Der zweite Faktor beschreibt die Bildung einer Flucht/Vermeidungsreaktion nach dem Prinzip der instrumentellen (operanten) Konditionierung: d.h. Verhaltensweisen (R), die unangenehme Situationen beenden (Flucht) oder umgehen können (Vermeidung), werden negativ verstärkt durch vorübergehende Angst-/Spannungsreduktion ($\mathcal{C}$-).

Wenn also in einem ersten Schritt ein bisher neutraler Reiz wie eine Türklinke eine konditionierte Reaktion wie Angst und Anspannung (discomfort) auslöst, wird über die zweite, operant konditionierte Reaktion, diese Angst und Anspannung reduziert und damit, in lerntheoretischen Begriffen ausgedrückt, negativ verstärkt. Diese negative Verstärkung wird zur Folge haben, daß in Zukunft bei einer Konfrontation mit dem angstauslösenden Stimulus gehäuft die operant konditionierte Reaktion (Zwangsverhalten: z.B. Reinigen von Türgriffen) folgen wird, da sie spannungsreduzierend wirkt. Die negative Verstärkung wird aber nach lerntheoretischen Gesetzen auch dazu führen, daß sich die Auftretenswahrscheinlichkeit für Zwangsgedanken und Zwangshandlungen erhöht. Neben diesen aktiven Zwangshandlungen entsteht auch eine Reihe von passiven Vermeidungsreaktionen, die durch das Ausbleiben des Angstanstiegs ebenfalls negativ verstärkt werden (z.B. Tragen von Handschuhen, Nichtbenutzen öffentlicher Toiletten usw.). Schematisch ist dies in Abbildung 5.1 dargestellt.

Vermeidungsreaktionen können also das Auftreten von Zwangsgedanken verhindern, und Zwangshandlungen können Angst und Anspannung beenden, die durch Zwangsgedanken ausgelöst werden. Beides wirkt kurzfristig angst-/spannungsreduzierend, langfristig kann aber durch beide Mechanismen keine Konfrontation mit dem konditionierten Angstreiz (d.h. keine konkrete Prüfung in der Realität) erfolgen, was zu einer hohen Löschungsresistenz der Angst/Spannung führt.

Auch werden Zwänge im Laufe der Zeit zu autonomen Handlungsabläufen (funktionale Autonomie) bzw. werden im Rahmen der Reizgeneralisierung durch immer mehr und dem ursprünglich auslösenden Stimulus physikalisch zuneh-

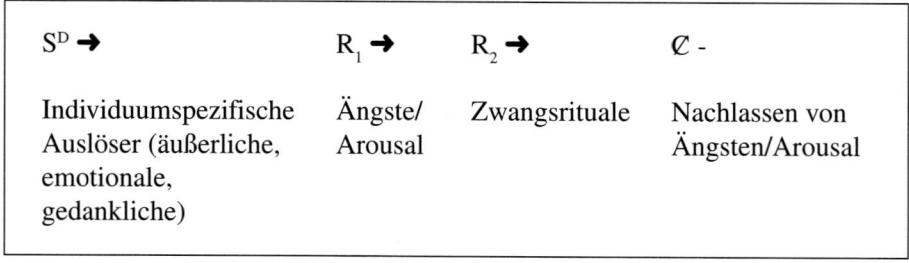

Abb. 5.1 Schematische Darstellung des Zwei-Faktoren-Modells.
S^D = Auslösereize, R_1 = Reaktion 1, R_2 = Reaktion 2, $\mathcal{C}$ = Konsequenzen von Reaktion 2.

mend unähnlichere Reizbedingungen hervorgerufen und auf symbolische Reiz-
qualitäten ausgedehnt. Dies trägt ebenfalls zur hohen Stabilität der Zwangsrituale,
einhergehend mit einer erheblichen Löschungsresistenz, bei. Passives Vermeidungsverhalten allein ist wegen der großen Anzahl möglicher Situationen/Erwar-
tungen unmöglich, aktives Vermeidungsverhalten (Zwangsrituale) reduziert, zumindest kurzfristig, Unsicherheit und verschafft eine gewisse Sicherheit.

Anwendung des Zwei-Faktoren-Modells auf Fallbeispiel 1 (s. Kap. 2)

Im ersten Fallbeispiel reagiert der Patient auf kleinste Verschmutzungen
seines Hauses sowie auf emotionale Konflikte mit seinem Vater mit großer
innerer Anspannung sowie Ekel. Diese Stimulusreaktionskette wird im
Mowrer-Schema als klassisch konditioniert betrachtet. Sie könnte z.B. die
Folge davon sein, daß der ursprünglich neutrale Stimulus „kleinste Verschmutzungen des Hauses" an eine heftige emotionale Reaktion (Streit mit
dem Vater), die Anspannung und Ekel ausgelöst hat, klassisch konditioniert
wurde, und insofern die kleinste Verschmutzung des Hauses nun zum konditionierten Stimulus für die konditionierte Reaktion Anspannung, Ekel
geworden ist.
Diese Anspannung erscheint dem Patienten nicht mehr tolerabel, und er
antwortet darauf mit exzessivem ritualisiertem Waschen und Putzen, worauf sich die Anspannung (Arousal) – wenn auch nur für kurze Zeit – löst.
Diese zweite, spannungsreduzierende Reaktion ist nach dem Mowrer-
Schema operant konditioniert und wird durch negative Verstärkung aufrechterhalten. Sehr deutlich wird anhand dieses Fallbeispiels auch die oben
angesprochene passive Vermeidung von Spannung und ekelauslösenden
Situationen; so behält der Patient in der Folgezeit eine Erwartungsangst
bezüglich eines erneuten Auftretens von Anspannung und Ekel und entwik-
kelt zusätzlich zu den Zwangsritualen ein ausgeprägtes Vermeidungsverhalten, d.h. er verhindert z.B., daß andere Personen ihn besuchen.

Kritik am Zwei-Faktoren-Modell von Mowrer

Der entscheidende Vorteil des Zwei-Faktoren-Modells von Mowrer ist seine Ein-
fachheit und Klarheit, was es insbesondere zur Erklärung der Stabilität von Vermeidungsverhalten bei Zwangshandlungen geeignet erscheinen läßt. Die wesentlichen Kritikpunkte am Zwei-Faktoren-Modell (vergleiche Rachmann 1977;
Kanfer 1985; Marks 1987) lassen sich wie folgt zusammenfassen:
- Theoretische Begriffe (konditionierte Stimuli, konditionierte Reaktionen) sind
  nicht unmittelbar auf Alltagssituationen übertragbar.
- In der individuellen Lerngeschichte sind häufig keine klassischen Konditio-
  nierungserfahrungen nachweisbar.

- Das Modell ist hauptsächlich auf Handlungszwänge bezogen, andere Verhaltensebenen (z.B. kognitive) werden hierbei nur ungenügend berücksichtigt.

Zum einen führte diese Kritik zur Entwicklung des klinischen Modells von Marks (1987) „Complex evoking situation (ES) – complex evoked reaction (ER)", ebenfalls ein Angstreduktionsmodell, zum anderen wurde eine Reihe von Erweiterungen und Differenzierungen vorgeschlagen, die bei der Analyse von Zwängen nach dem Zwei-Faktoren-Modell sinnvoll und erforderlich sind. Diese Modelle berücksichtigen einerseits Aspekte der Preparedness und kulturelle Faktoren sowie emotionale und kognitive Prozesse andererseits. Die derzeit am besten ausgearbeiteten und bedeutendsten ergänzenden Begriffe „Preparedness" und „kulturelle Faktoren" sowie kognitive und bio-informationale Modellvorstellungen sollen im folgenden dargestellt werden.

5.3 Ergänzungen und Differenzierungen zum Zwei-Faktoren-Modell

Preparedness und kulturelle Faktoren

Folgt man dem Zwei-Faktoren-Modell, so müßte es neben den häufig vertretenen Wasch- und Kontrollzwängen praktisch im gleichen Umfang Malzwänge, Sprechzwänge etc. geben, entsprechend den bisher neutralen Reizen, die während der Konditionierungssituation präsent waren. In der Praxis zeigt sich dies jedoch nicht. Hier findet man ein deutliches Überwiegen von Wasch- und Kontrollzwängen. Untersuchungen zu diesem Thema erbrachten ähnliche Ergebnisse wie solche zu Angststörungen; scheinbar erfolgt eine Koppelung von Zwangshandlungen/-gedanken im Sinne einer klassischen Konditionierung bevorzugt an ganz bestimmte Stimuli: solche, denen ein biologisch-evolutionäres Prinzip zugrunde liegt (McNally 1987). Als Beispiele für solche Stimuli nennen Seligmann und Johnston (1975) eine Besorgnis um Verschmutzung, sexuelle Tabus, religiöse Motive sowie das Einhalten von Regeln. Im Verlauf der phylogenetischen Entwicklung waren solche angeborenen „Vorsichtsmaßnahmen" überlebenswichtig. Heute sind sie jedoch u.U. nicht mehr von Vorteil. Die Manifestation eines solchen Faktors in bestimmten Situationen würde jedoch erklären, warum ganz spezifische Angstmuster so schwerwiegende dysfunktionale Verhaltensweisen auslösen können (DeSilva, Rachman u. Seligmann 1977). Aus der Rolle, die früher fundamentale Schutzmaßnahmen zur Vermeidung ansteckender Krankheiten spielten, wird insbes. die rasche Entstehung von Waschzwängen nachvollziehbar. Während dieses Modell hauptsächlich für solche gilt, geht die Entwicklung von Kontrollzwängen eher auf frühe Prägungen (Lernen am Modell, z.B. der Eltern) zurück und erfolgt viel langsamer. Über diese phylogenetische Bedeutung hinaus tragen kulturelle Faktoren zur Ausformung von Zwangsthemen bzw. der ausgeführten Rituale bei: Im Umgang mit zentralen Bereichen des zwischenmenschlichen Zusammenlebens (Religion, Sexualität, Reinigung) entwickeln Kulturen spezifische ritualisierte Verhaltensmuster, die die Funktion haben, Angst oder Unsicherheit zu reduzieren, deren Verletzung jedoch gleichzeitig wiederum Angst und Unsicherheit bei den Betroffenen erzeugt. Am Zwei-Faktoren-Modell von Mowrer wäre insofern eine Ergänzung bezüglich dieser phylogenetisch bzw. kulturell vorbereiteten Faktoren vorzunehmen. In den psychologischen Modellvorstellungen versucht man, diese Faktoren, die als art- und individuumspezifische Bedingungen definiert sind, unter dem Begriff „Organismusvariablen" (O) zusammenzufassen und diese wie folgt in die Verhaltenskette einzufügen:

$$S^D \rightarrow O \rightarrow R_1 \rightarrow R_2 \rightarrow \mathcal{C}\text{-}$$

Kognitive Modelle

Kognitive Erklärungen von Zwangsverhalten gehen davon aus, daß jeder von uns zwischenzeitlich Gedanken, Vorstellungen oder Impulse hat, die denen der Zwangsgedanken bei Patienten mit Zwangsstörungen entsprechen (Rachmann u. deSilva 1978; Salkovskis u. Kirk 1986). So dürften Gedanken wie „Habe ich den Herd ausgeschaltet?" oder Impulse wie „Ich drehe jetzt gleich durch und schlage hier alles kurz und klein" bei fast allen Menschen in entsprechenden Situationen Bestandteile normaler, automatisch ablaufender Gedanken sein. Bei Personen, die jedoch im Laufe ihrer Lerngeschichte sehr strenge und starre Überzeugungen („belief systems") z.B. von den Eltern übernommen haben, wie „Du darfst auf keinen Fall aggressiv sein", werden solche häufigen Gedanken mittels Bewertung und Selektion als mit den Belief-Systemen inkompatibel herausgefiltert. Hierbei scheinen insbes. Themen wie Schuld, Verantwortlichkeit, Unsicherheit, Zweifel und Annahme eines negativen Ausgangs (bspw. „an etwas denken heißt auch, es zu tun") besonders kennzeichnend für das Belief-System von Zwangspatienten zu sein. Aufgrund der dadurch implizierten Bewertung o.g. Gedanken kommt es auf der physiologischen/emotionalen Ebene zu einem Anstieg von Anspannung und Angst. Der Patient fühlt sich also für den Inhalt und die mögliche Konsequenz des Zwangsgedankens und auch für dessen Neutralisierung verantwortlich. Diese kann dann wiederum verdeckt (best. „Gegengedanken") oder beobachtbar (Zwangsrituale) ablaufen. Die Konsequenzen des Neutralisierens sind

- eine durch die Kurzfristigkeit der Spannungs-/Angstreduktion (negative Verstärkung) bedingte Steigerung der Frequenz von Zwangsgedanken und
- ein zusätzlicher Beweis für die Bedeutsamkeit und Verantwortlichkeit für den Zwangsgedanken.

Gelegentlich wird in der Literatur sogar eine Art „Rebound-Effekt" angenommen. Gemeint ist damit, daß Zwangshandlungen eine kurzfristige Flucht vor dem Unbehagen darstellen, es aber langfristig aufrechterhalten (Salkovskis u. Kirk 1996). Mittlerweile ist insbesondere die Bedeutung des Neutralisierens für die Aufrechterhaltung von Zwangsgedanken empirisch gut belegt. Da in diesem Modell auch physiologische und emotionale Prozesse sowie Verhaltensprozesse integriert sind, geht es wohl über eine rein kognitive Theorie hinaus.

Anwendung des kognitiven Modells auf Fallbeispiel 2

Die Patientin in Fallbeispiel 2 „macht" sich im Rahmen einer Streßsituation allerlei Gedanken, weil sie ihre Kinder auf einem Spielplatz vergessen hat. Hierbei konstruiert sie auch den bizarren (aber letztendlich durchaus normalen) Gedanken „Vielleicht bist du sogar eine Mutter, die ihre Kinder töten könnte". Dieser Gedanke erhält nun aufgrund des Belief-Systems der Patientin (das sie in der Anamnese als sehr christlich-religiös geprägt beschreibt), wie von ihr selbst erwähnt, die Bedeutung „abartig und pervers" zu sein. Er ruft also nicht etwa die Konsequenz hervor „Ach Quatsch, das würde ich nie tun", sondern wird als „fürchterlich und bedrohlich" interpretiert und erhält hiermit seine besondere Bedeutung (und Macht). Auf physiologischer und emotionaler Ebene stellt sich nun „Discomfort" ein, nämlich Anspannung, Nervosität und Schuldgefühle. Unschwer kann man sich nun vorstellen, daß ein so mächtiger Gedanke kaum aus dem Bewußtsein zu verdrängen sein wird, sondern im Gegenteil dieses zunehmend besetzt. Wie sehr häufig zu Beginn von Zwangsstörungen scheint die Patientin weder auf gedanklicher noch auf Handlungsebene ein Neutralisationsverhalten gefunden zu haben, das die Anspannung suffizient reduzieren könnte und letztendlich zu Gedanken- und Handlungszwängen führt. Jedoch finden sich schon Ansätze von Vermeidungsverhalten mit dem Ziel der Spannungsreduktion; so sind etwa das Beiseiteräumen von Messern und Scheren sowie das Abgeben der Kinder durchaus als Vermeidungsverhalten zu bezeichnen, das sicherlich jeweils auch kurzfristig zu einer Spannungsreduktion geführt hat, jedoch bereits (zwangstypisch) den Handlungsspielraum der Patientin deutlich einschränkt.

Bio-informationales Modell

Die noch wenig elaborierten bio-informationalen Theorien nehmen an, daß bei Patienten mit Zwangsstörungen eine Störung kognitiver und emotionsverarbeitender Prozesse vorliegt. Vermutlich aktivieren Angst und ähnliche Emotionen eine Netzwerkstruktur im Gehirn. Innerhalb dieser Struktur sind Informationen über Stimuli/Situationen, Reaktionsebenen, über deren Bedeutung und Zusammenhang gespeichert. Diese Strukturen ermöglichen rasches und effektives Handeln (Lang 1979). Im Zusammenhang mit problematischen Erfahrungen und Lernprozessen jedoch können sich pathologische Gedächtnisstrukturen ausbilden. Diese Gedächtnisstrukturen erweisen sich nach Foa und Kozak (1986) als hochpersistent, intern kohärent und hochgradig irrational.

Beispiel: Es ist sehr gefährlich, wenn Urin an Lebensmittel oder Geschirr gerät, er kann sich dann überall verteilen, wenn meine Schwester etwas davon abkriegt, könnte sie krank werden, eventuell sogar sterben. Ich bin dann schuld und würde dies nie aushalten.

6 Verhaltensanalyse und funktionales Bedingungsmodell bei Zwangsstörungen

Walter Hauke und Nico Niedermeier

Zusammenfassung

- Verhaltensanalyse bei Zwängen muß sich eines Mehr-Ebenen-Modells bedienen.
- Der Darstellung der emotionalen Teilebene kommt dabei besondere Bedeutung zu.
- Die auf der emotionalen Teilebene lokalisierten Verhaltensanteile sind bei Patienten mit Zwangsstörungen anfangs nur schwer zugänglich.

Um die bisher beschriebenen Modelle auf die spezifische Situation eines gegebenen Patienten anzuwenden und sie in einem Ansatz zu integrieren bedarf es einer Analyse der Zwangsstörung auf mehreren Ebenen (Reinecker 1994). Konkret bedeutet dies, für den einzelnen Patienten spezifische Auslöser, Organismusvariablen, Reaktionen und Konsequenzen auf mehreren Ebenen beschreiben und abbilden zu können. Kanfer und seine Mitarbeiter haben hierzu (1996) ein Systemmodell der Regulation menschlichen Verhaltens publiziert, das weite Verbreitung gefunden hat. Sie unterscheiden im Rahmen dieses Modells drei Ebenen bezüglich derer Stimulusbedingungen, Reaktionen und Konsequenz aufgeschlüsselt werden können:

- α-**Variable:** steht für externe Bedingungen, die in der Umgebung oder der Situation zu finden sind.
- β-**Variable:** steht für internale Prozesse wie Denken, Bewerten, Entscheiden, Ziele und Pläne.
- γ-**Variable:** steht für physiologische Prozesse sowie Einflüsse des genetischen Systems.

Wir bevorzugen jedoch zur Darstellung unserer psychologischen Modellvorstellung eine frühere Version der Verhaltensanalyse Kanfers, in der eine emotionale Teilebene noch vorhanden und diese insofern weniger auf ein vorrangig kognitives Modell hin orientiert ist. Die Legitimation hierfür ergibt sich zum einen aus der an unserer Institution aus der klinischen Praxis heraus entwickelten, auf Emotionsexploration ausgerichteten Expositionstrainingsvariante („Windacher Modell", s. auch Kap. 10), zum anderen auf Untersuchungen, die die Bedeutsamkeit der emotionalen Teilebene im Rahmen einer Zwangserkrankung besonders hervorheben (Hand 1994). Folglich spaltet sich das in Kapitel 5 dargestellte horizontale Verhaltensschema in der praktischen Arbeit in folgende Ebenen (Tab. 6.1) auf.

Bei der Durchführung der Verhaltensanalyse von Zwangssyndromen sind folgende Details bezüglich oben genannter Dimensionen zu beachten:

Zu S: Sowohl externe Reize (z.B. Türklinken) als auch kognitive Reize (z.B. Denken an einen Unfall) als auch emotionale Reize (Ärger mit Vater, Einsamkeit) können als Auslöser dienen. In aller Regel sind Patienten mit Zwangsstörungen nur die beiden ersten Möglichkeiten bewußt!

Zu O: Hier sind zwei sehr unterschiedliche Arten von möglichen situationsübergreifenden Bedingungen zu unterscheiden:

a) physiologische Konstanten:
   – neurobiologische Faktoren wie z.B. Serotonin-Mangel (s. auch Kap. 4)
   – phylogenetisch vorgegebene basale Verhaltensschemata wie z.B. Sammeln (Kap. 5)

Tab. 6.1 Teilebenen des verhaltensanalytischen Schemas (angelehnt an Kanfer et al. 1996)

Potentiell relevante Ebenen	S^D	O	R_1	R_2	C
Externe Bedingungen					
Kognitiv					
Emotional					
Physiologisch					
Behavioral					

S^D = Auslösereize, O = Organismusvariablen, R_1 = Reaktion 1, R_2 = Reaktion 2, C = Konsequenzen von Reaktion 2

b) psychologische Konstanten:
- dauerhafte Überzeugungen sozialer, religiöser, weltanschaulicher Art (z.B. „Aggression ist etwas Schlechtes") oder auch typische Überzeugungen („beliefs") bezüglich der Relevanz einzelner Zwangsgedanken
- unterdurchschnittliche Fähigkeit zum Wahrnehmen und Ausdrücken von Emotionen oder selektive Defizite in dieser Hinsicht

Zu R$_1$: Die kognitive Teilebene ist üblicherweise thematisch auf den Zwang eingeengt. Das Denken beschäftigt sich bevorzugt mit erwarteten Nachteilen durch die wahrgenommen Auslöser; auf der physiologischen Ebene wird unangenehmes Arousal (= discomfort) erlebt, welches teilweise extrem quälend sein kann. Auf der emotionalen Teilebene können Patienten mit Zwangsstörungen vor der Reizkonfrontation üblicherweise keinerlei Begriff zuordnen.

Zu R$_2$: In kognitiver Hinsicht dominieren Planungen bezüglich der Ausführung von Zwangsverhalten (z.B. wie oft ein bestimmter Körperteil gewaschen oder eine Herdplatte kontrolliert werden muß). Es sei nochmals daran erinnert, daß Zwangsrituale ausschließlich kognitiv ablaufen können und dies für einen Außenstehenden auf der Verhaltensebene möglicherweise nicht zu erkennen ist. Andererseits kann auch das Umgekehrte der Fall sein, nämlich exzessive Zwangsrituale mit eher geringer kognitiver Beteiligung.

Zu C: Auf der physiologischen Teilebene ist das Nachlassen des Arousal als wichtiger Faktor anzusehen (negative Verstärkung); auf der externalen Ebene kommt es vielfach zu unterstützendem Eingreifen anderer Personen (positive Verstärkung) bzw. zu einer entlastenden Umstrukturierung der äußeren Umgebung, z.B. in Form von Fernbleiben vom Arbeitsplatz (negative Verstärkung). Auf der kognitiven Teilebene finden sich vielfach Selbstvorwürfe, auf der emotionalen gehäuft Depressionen.

In Kapitel 10 wird erneut auf dieses Modell eingegangen, zwischen dessen einzelnen Matrixfeldern zahlreiche Interaktions- und Rückkopplungseffekte als gegeben vorauszusetzen sind (Reinecker 1994). Zur praktischen Demonstration des eben Dargestellten wird dieses Modell auf Fallbeispiel Nr. 1 (s. Kap. 2) angewandt (Tab. 6.2):

Tabelle 6.2 zeigt die Bedeutung einer Mehr-Ebenen-Verhaltensanalyse, die übrigens auch ein wichtiges Hilfsmittel bei der Exploration darstellt, an einem sehr typischen Beispiel: Der Patient berichtete zunächst nur spontan und in ausführlicher Form über den Zwang mit all seinen Details und die externalen Auslöser (also intolerablen Schmutz, Unordnung etc.). An dieser Stelle entsteht Zweifel, ob man die wirklich relevanten Auslöser erfaßt. Ein Einstieg bietet sich über die enge Verbindung von R$_1$ und R$_2$ an: Befragt man einen Patienten, was passieren würde, wenn er seine Zwangsrituale nicht praktiziert, so verweist er üblicherweise darauf, daß dies eine unerträgliche innere Spannung = Arousal (R$_1$) hervorrufen würde. Der Patient kann in der Regel also kognitive und physiologische Signale sowie sein eigenes Verhalten wahrnehmen, aber nichts Emotionales. Daß dies eine Rolle spielt, zeigt sich bereits lange vor der Reizexposition (s. Kap. 10) bei entsprechenden Verhaltensbeobachtungen, z.B. einem Familiengespräch: Im vorlie-

Tab. 6.2 Verhaltensanalyse für Fallbeispiel 1

Potentiell relevante Ebenen	S^D	O	R$_1$	R$_2$	C
Externe Bedingungen	Verschmutzungen und Unordnung des eigenen Bereichs (insbesondere des Hauses)				Mittel der Distanzierung von den Eltern (C-) Lob des Vaters für Zustand des Hauses (𝒞+)
Kognitiv		„Zuwendung gibt es nur für Leistung." „Andere (v.a. Frauen) können mit mir nichts anfangen." „Schmutz ist ekelhaft."	„Schmutz und Unordnung dürfen nicht sein."	„Ich muß Schmutz beseitigen."	Ratlosigkeit über Gründe des eigenen Verhaltens (C-)
Emotional	aggressive bzw. ambivalente Empfindungen (v.a. gegenüber Vater) Einsamkeit		Ekel evtl. aggressive Handlungsimpulse evtl. Trauer wegen Einsamkeit		mittelgradige depressive Verstimmung (C-)
Physiologisch		evtl. neurobiologische Abweichungen evtl. phylogenetisch relevante dominante Muster	Arousal		Nachlassen des Arousal (𝒞-)
Behavioral	Streit mit Vater abendliches Alleinsein			exzessives Ordnen, Kontrollieren und Putzen	

genden Fall entwickelte sich bei dieser Gelegenheit eine Kontroverse zwischen dem Patienten und seinem Vater, wobei letzterer sehr dominant und verständnislos auftrat. Der Patient entwickelte starke aggressive Regungen, die er aber nur bruchstückhaft im Gespräch äußern konnte, wobei die durchgeführte und ihm selbst später vorgeführte Videoaufnahme erhebliche nonverbale Signale in dieser Richtung zeigte. Nach der Abfahrt der Eltern verfiel der Patient in der Klinik für mehrere Stunden in massivste Zwänge, konnte diese aber auch erst bei Nachfragen dem Auslöser Wut bzw. Ärger zuordnen (S^D). Therapeuten müssen sich also darauf einstellen, daß problematische Emotionen hochbrisante Auslöser für Zwänge sind, aber nur mühsam eruiert werden können – eine Einsicht, welche die hier aus Platzgründen nicht diskutierbare Frage nach geeigneten Therapieverfahren aufwirft, die eine emotionale Aktivierung bewirken können. Die ebenfalls naheliegende Frage, warum diese Auslöseebene so schlecht zugänglich ist, ist derzeit auf der Basis gesicherter wissenschaftlicher Erkenntnis ebensowenig beantwortbar wie die Frage nach der Art der Verbindung von externalen Bedingungen und Emotionen bei den Auslösern (S^D). Was schließlich die Analyse der im Beispiel erscheinenden verschiedenartigen Verstärker betrifft, so sehen wir unterschiedlichste Valenzen von C+ über $\mathcal{C}$- bis hin zu C-. In der Summe aber muß es gemäß den gesicherten lerntheoretischen Ergebnissen so sein, daß die Gewichtung der positiven Verstärker die der negativen überwiegt, da sich das Zwangsverhalten nicht abbaut, sondern – so der Regelfall – sich im Lauf der Zeit immer mehr verfestigt. Das vorliegende Beispiel zeigt eindrucksvoll die Komplexität eines Zwangssyndroms, belegt zugleich aber auch, daß die Mehr-Ebenen-Verhaltensanalyse in der Lage ist, diese adäquat abzubilden.

7 Therapiebegleitende Diagnostik und Meßinstrumente bei Zwangsstörungen

Sabine Bossert-Zaudig und Nico Niedermeier

Zusammenfassung

- Ein besonderes Charakteristikum der Verhaltenstherapie, gerade bei Zwangsstörungen, sind kontinuierliches Feedback und Evaluation therapeutischer Interventionen.
- Vorgestellt werden in diesem Kapitel verschiedene Instrumente therapiebegleitender Verhaltensdiagnostik, die dazu dienen, erstens Problembereiche für die Therapie festzulegen, zweitens Informationen für ein funktionales verhaltensanalytisches Modell zu erarbeiten und drittens Ausmaß und Schweregrad von Zwangsstörungen bei Therapiebeginn und im Behandlungsverlauf zu messen.
- Neben wesentlichen Inhalten des verhaltensdiagnostischen Interviews werden Verhaltensbeobachtung, Verhaltenstests, strukturierte Selbstbeobachtung und Selbstprotokollierung, deren mögliche inhaltliche und formale Gestaltung einschließlich praktischer Durchführung sowie Selbst- und Fremdratingverfahren dargestellt.

7.1 Verhaltensdiagnostisches Interview

Das Erstinterview mit einem Patienten, der unter Zwängen leidet, entspricht im Grunde dem Vorgehen bei anderen psychischen Störungen. So sollte dem Patienten initial über offene Fragen (z.B. „Schildern Sie mir doch einmal, wie ihre Zwangshandlungen aussehen und wann sie auftreten.") Raum gegeben werden, in einer empathischen, von Akzeptanz und Verständnis getragenen Atmosphäre von seinen Problemen zu sprechen. Dies scheint in diesem Kontext besonders erwähnenswert, da einem Großteil der Patienten die eigenen Zwangsgedanken/Zwangshandlungen selbst sehr unsinnig oder bizarr vorkommen und diese insofern aus Scham häufig vor Angehörigen und Freunden verheimlicht werden. Dies gilt insbesondere für aggressive und obszöne Zwangsgedanken, deren Exploration sicherlich vorsichtig und allmählich erfolgen sollte. Zu beachten ist hierbei, daß Patienten unter Umständen befürchten, daß ein Sprechen über Zwänge diese „schlimmer macht", oder dazu führen könnte, daß z.B. Zwangsgedanken dann vielleicht sogar in die Tat umgesetzt werden könnten. Patienten können sogar aus

Angst, für verrückt gehalten und zwangsweise behandelt zu werden, schweigen oder ihre Zwangsgedanken nicht mitteilen, weil sie befürchten, daß sie aufgrund der beinhalteten strafbaren Handlungen in Polizeigewahrsam genommen werden könnten.

Neben der Beschreibung der Symptomatik soll insbesondere nach Auslösesituationen für Zwänge sowie über etwaige Versuche, selbst mit den Zwängen fertig zu werden (z.B. bei Waschzwängen das Haus nicht mehr verlassen), sowie soziale und berufliche Konsequenzen gefragt werden. Hierher gehören auch die Fragen nach Reaktionen des Partners auf die Erkrankung ebenso wie Fragen nach den sonstigen Lebensbedingungen bzw. hieraus resultierenden Belastungen, die in funktionalem Zusammenhang mit dem Auftreten bzw. der Aufrechterhaltung der Zwangserkrankung stehen könnten.

Wichtige Fragen im Rahmen eines verhaltensdiagnostischen Erstinterviews:
- Wie sehen die Zwänge aus?
- Welche Auslösesituationen für Zwangsgedanken/-handlungen kennen Sie?
- Wieviel Zeit nehmen die Zwänge ungefähr pro Tag in Anspruch?
- Wie gehen Sie mit den Zwängen um?
- Welche Auswirkungen haben die Zwänge auf Beruf und Familie?
- Wann sind die Zwänge zum ersten Mal aufgetreten?
- Unter welchen besonderen beruflichen oder privaten Belastungen standen Sie zu dieser Zeit?
- Was ist Ihr eigenes Erklärungsmodell für Ihre Zwangserkrankung?

7.2 Verhaltensbeobachtung

Vielfach können Zwangshandlungen bereits im Erstinterview offen beobachtet werden. Beispielsweise haben Patienten, die unter starker Angst vor Verschmutzung bei Waschzwang leiden, häufig Vermeidungstendenzen, etwas anzufassen, was dazu führt, daß sie sorgsam darauf achten, im Untersuchungszimmer nirgendwo anzustoßen; bei Patienten mit Kontrollzwang findet man häufig ein besonders „kontrolliertes" Ablegen von Kleidungsstücken und Schriftstücken oder mitgebrachte Listen mit Fragen, die unbedingt gestellt werden müssen. Auch Gedankenzwänge können unter Umständen beobachtbar sein, so z.B. ständig von rechts nach links rotierende Augen bei einem Patienten, der während der Untersuchung die Bücher im Regal des Untersuchers zählt. Sinnvollerweise sollten diese Verhaltensweisen angesprochen werden, da sie Aufschluß über zugrundeliegende Befürchtungen oder Vermeidungsverhalten geben können.

Verhaltenstest

Eine systematisierte Weiterführung der Verhaltensbeobachtung ist der Verhaltenstest.

Definition

Ein Verhaltenstest ist eine Konfrontation mit angstauslösenden/bisher vermiedenen Situationen in Begleitung des Therapeuten mit dem Ziel der Beobachtung des Zwangsverhaltens auf *allen* Ebenen. Die Symptomprovokation kann in der Klinik oder im Rahmen eines Hausbesuchs durchgeführt werden.

Indikation

Rein verbale Beschreibungen der Zwangsrituale sind häufig stark verzerrt; so werden für die Therapie wesentliche Details (da sie z.B. automatisch ablaufen) vergessen (Ein Patient mit Kontaminationsängsten „vergißt" zu beschreiben, daß er heruntergefallene Dinge nur mit einem Papiertaschentuch aufhebt.) oder unvollständig berichtet. Ein anderes Problem kann darin liegen, daß Patienten Schwierigkeiten haben, ihre Zwänge detailliert zu beschreiben, da diese sehr extensiv oder komplex sind.

Bei einem Verhaltenstest – der vor allem dann indiziert ist, wenn Patienten berichten, einfach Zwangshandlungen auszuführen, ohne daß diesen Zwangsgedanken vorangehen – werden die Betroffenen gezielt aufgefordert ein typisches Zwangsverhalten durchzuführen, um hierdurch Aufschluß über begleitende (oder vorausgehende) Kognitionen, Emotionen oder körperliche Reaktionen zu bekommen.

Eine weitere Form des Verhaltenstests ist die Konfrontation des Patienten mit bisher vermiedenen Situationen (z.B. einem Blutröhrchen bei einem Patienten mit Waschzwang mit starker Angst vor Ansteckung durch Viren). Hierüber können Befürchtungen des Patienten deutlich werden; ferner werden Vermeidungsverhalten sowie mögliche neutralisierende Verhaltensweisen beobachtbar bzw. auf Nachfragen neutralisierende Gedanken erkennbar.

Grundsätzlich sind Verhaltenstests bei allen Formen von Zwängen ein sinnvolles diagnostisches Instrument. **Vorsicht** geboten ist jedoch bei der Durchführung eines Verhaltenstests **bei Patienten mit Kontrollzwängen.** Für sie bedeutet die Anwesenheit des Therapeuten eine Art Rückversicherung (z.B. „Wenn mein Therapeut die Küche verläßt, ohne noch einmal kontrolliert zu haben, ob der Herd aus war oder nicht, wird er schon aus gewesen sein, denn er will ja sicher nicht, daß das ganze Haus abbrennt."). Insofern übernimmt hier der Therapeut in den kognitiven Konstrukten des Patienten einen Teil der Verantwortung, was sekundär angstreduzierend wirkt und somit das Ergebnis des Tests verfälscht. Folglich ist es besser, hier zugunsten einer detaillierten Selbstbeobachtung oder einer vom Patienten angefertigten Videoaufzeichnung auf die Durchführung eines Verhaltenstests zu verzichten.

Ein Verhaltenstest ist nicht nur ein *diagnostisches* Instrument, sondern hat ebenso wie das Interview unter Umständen bereits *therapeutische* Effekte. So kann er neben einer Wahrnehmung von Auslösesituationen, begleitenden Kognitionen, Körpergefühlen, Vermeidungs- oder Neutralisationsverhalten durch wiederholte Durchführung im Laufe einer Therapie auch Aufschluß über Fortschritte bzw. noch bestehende Probleme geben.

Beispiel eines Verhaltenstests anhand von Fallbeispiel 1
(s. Kap. 2)

Eine Liste von Zwangshandlungen (Putzen bestimmter Gegenstände, usw.) wird erstellt, und diese werden entsprechend ihrer „ekelbeseitigenden" Wirksamkeit vom Patienten auf einer Skala zwischen 0 und 100% eingestuft. Hierauf wird eine Testsituation ausgewählt, deren Durchführung sich der Patient zutraut (Beispiel: Therapeut geht nach kurzem Schuhe-Abstreifen 2 Meter weit durch die Wohnung und wieder zurück). Der Patient soll sein Ekelgefühl auf einer Skala von 0 bis 100% einstufen und Fragen wie die folgenden beantworten: Welche Gedanken gehen ihm durch den Kopf? Welche Gefühle außer Ekel empfindet er noch und wie stark? Welche körperlichen Reaktionen bemerkt er? Wie stark ist der Drang, beispielsweise den Staubsauger zu holen? Wie lange (in Minuten ausgedrückt) kann er diesem Drang standhalten? Verändert sich das Ekelgefühl? Falls der Patient nun staubsaugen möchte, läßt man ihn nach Ausführung dieser Zwangshandlung wieder seine Gedanken, Gefühle und körperlichen Begleitreaktionen beschreiben.

7.3 Selbstbeobachtung und Selbstprotokollierung

Die Selbstbeobachtung bzw. Selbstprotokollierung von Zwangsgedanken/-handlungen ist ein weiteres Instrument in der verhaltenstheoretischen Diagnostik und Therapieverlaufsmessung bei Patienten mit einer Zwangsstörung.

Das **Ziel** liegt hierbei zum einen in einer möglichst exakten Beobachtung der Symptomatik selbst, zum anderen in einer genauen (und hiermit für den Patienten ebenso wie für den Therapeuten) Erfassung der Auslösebedingungen sowie begleitender Kognitionen, Emotionen, physiologischer Begleitreaktionen und Vermeidungsverhalten. Grundsätzlich sollten die Selbstbeobachtung und Selbstprotokollierung so früh wie möglich in der Therapie einsetzen.

In ihrer einfachsten Form kann die Selbstbeobachtung beispielsweise über Häufigkeitslisten oder die Protokollierung der Dauer bestimmter Handlungsrituale erfolgen. So können Listen über die Häufigkeit von Zwangsgedanken an einem Tag (z.B. Protokollierung mit einem Golfschlagzähler aus dem Sportgeschäft) ebenso eingesetzt werden wie die Protokollierung der Dauer des täglichen Duschrituals eines Patienten mit Waschzwang. Besonders bewährt hat sich die Protokollierung der Dauer einer Zwangshandlung bei Patienten mit zwanghafter Langsamkeit.

Wesentlich ist, den Patienten nicht durch ein zu komplexes Protokoll zu überfordern und die Protokollierung gemeinsam mit ihm einzuüben. Darüber hinaus versteht es sich von selbst, daß nur tatsächlich benötigte Informationen erarbeitet werden und der Therapeut die aktive Mitarbeit des Patienten durch Zuwendung und Interesse positiv verstärkt.

Im einzelnen sollten im Rahmen der Selbstbeobachtung einige der nachfolgend genannten **Variablen** erfaßt werden. Welche Parameter in welcher Reihenfolge und welcher Kombination beobachtet, bzw. protokolliert und gemessen werden, hängt ebenso vom jeweiligen Diagnostik- oder Behandlungsstadium ab wie von spezifischen Fragestellungen des Therapeuten und speziellen Patienten- und Störungsmerkmalen.

Erfassen des Problemverhaltens

Grundlegend für die Einschätzung des Ausprägungs- und Schweregrades von Zwangsstörungen sind die Häufigkeit und Dauer, mit der Zwangshandlungen/-gedanken auftreten.

Die **Häufigkeit** von Zwangshandlungen/-gedanken kann innerhalb festgelegter Zeitabschnitte (z.B. ein Tag, eine Woche) beispielsweise mittels einer Art Strichliste erfaßt werden.

Ebenso kann die **Dauer** des Auftretens bestimmter Handlungsrituale oder Zwangsgedanken festgehalten werden.

Ob die Häufigkeit, die Dauer oder beides bei bestimmten Zwangshandlungen/-gedanken erfaßt werden soll, hängt von der spezifischen Symptomatik des Patienten ab.

In *Fallbeispiel 1* (s. Kap. 2) wäre das Erfassen der Dauer der Putzrituale ein geeigneter Parameter, während in *Fallbeispiel 2* die Protokollierung der Häufigkeit des Auftretens von Zwangsgedanken sinnvoll scheint.

Identifizieren von auslösenden Bedingungen

- **Interne Stimuli:** Hier sollen interne Stimulusbedingungen für das Auftreten von Zwangshandlungen/-gedanken erfaßt werden: z.B. die **emotionale Befindlichkeit** (Angst, Depression, Discomfort, Drang, Zwangshandlungen durchzuführen) und/oder **Gedanken**, die Zwangsverhalten auslösen. Beispiele finden sich in den beiden folgenden Tagesprotokollen.
- **Externe Stimuli:** Mit externen Stimuli sind Umweltreize, äußere, situative Bedingungen gemeint, die Zwangshandlungen/-gedanken hervorrufen. Entsprechend dem Ausmaß an Angst oder Anspannung, welche diese Stimuli auslösen, können sie hierarchisch geordnet werden (**Angsthierarchie**).
- Ebenfalls wesentlich ist das Erfassen von internen und externen Stimuli/Bedingungen, durch die **kein** Zwangsverhalten ausgelöst wird (**diskriminative Reizbedingungen**).

Erfassen von Vermeidungsverhalten

Hierbei sind passives und aktives Vermeidungsverhalten zu unterscheiden:
- **Passives Vermeidungsverhalten:** z.B. Tragen von Handschuhen, keine öffentlichen Toiletten benutzen, sich gar nicht waschen; bei Kontrollzwang das Haus nicht verlassen. *Fallbeispiel 1:* Patient läßt niemanden sein Haus betreten. *Fallbeispiel 2:* Wegräumen von allen „gefährlichen" Gegenständen.

- **Aktives Vermeidungsverhalten:** gemeint sind Zwangsrituale und/oder Zwangsgedanken (*Fallbeispiel 1:* Putzen, exzessives Sporttreiben).

Erfassen der Sicherheit/Wahrscheinlichkeit des Eintretens von Erwartungen, beteiligten Kognitionen

Klärung der Befürchtungen und Erwartungen, die mit den Zwangsgedanken verbunden sind, Erfragen der Konsequenzen unterlassener Zwangsrituale sowie der Sicherheit oder Gewißheit von Befürchtungen. *Beispiel:* „Wenn ich, ohne zu überprüfen, ob der Herd wirklich aus ist, das Haus für längere Zeit verlasse, könnte ein Brand entstehen."

Fallbeispiel 1: „Was würde geschehen, wenn ich nicht putze, nachdem jemand den Boden betreten hat, oder vor dem Rasenmähen esse? Wie sicher oder wie wahrscheinlich ist es, daß diese Befürchtungen eintreten?"

Fallbeispiel 2: „Wie wahrscheinlich ist es, daß ich das Küchenmesser, wenn ich es nicht wegräume, zum Töten meiner Kinder benutze?"

Messung von „Nebeneffekten"

Gemeint sind direkt mit Schwere- oder Ausprägungsgrad der Zwänge korrelierte, leicht zu erfassende Parameter wie der Verbrauch von Seife, Putz- oder Desinfektionsmittel, Toilettenpapier etc. bis hin zu neu gekauften, „sauberen" Kleidungsstücken.

Da es sich in *Fallbeispiel 1* um kalorienkonsumierende Zwangshandlungen handelt, könnte z.B. eine stabile Gewichtszunahme auf einen Abbau der Zwangshandlungen hinweisen.

Zusammenfassung

Im Rahmen der Selbstbeobachtung/-protokollierung von Zwangshandlungen/-gedanken können folgende Variablen erfaßt werden:

- Häufigkeit
- Dauer
- Auslöser
- Beteiligte Emotionen und Kognitionen
- Angsthierarchie
- Vermeidungsliste
- Nebeneffekte

7.4 Erhebung fremdanamnestischer Angaben

Grundsätzlich sollte die Familie des Betroffenen wenn möglich bei verhaltensdiagnostischen Interviews hinzugezogen werden. Dies sollte zum einen geschehen, um häufig von den Patienten bagatellisierte Verhaltensweisen in ihrem Ausmaß erfassen zu können; zum anderen können auf diese Weise zumindest im Ansatz die subtilen Muster der Unterstützung und gegenseitigen Abhängigkeit in der familiären Interaktion, die mit zur Aufrechterhaltung der Zwänge beitragen, identifiziert werden.

Beispiel einer Beschreibung der Auswirkung von Waschzwängen auf die Ehe von seiten einer Betroffenen und von seiten des Ehemannes:

Betroffene: „Na ja, gravierende Auswirkungen auf meinen Ehemann hat mein Zwang ja nicht, ich bin ja die Betroffene, der lebt so weiter wie bisher."

Ehemann: „Seit 3 Jahren durfte ich meine Frau nicht mehr berühren; sie ist aus dem gemeinsamen Schlafzimmer ausgezogen und schläft auf der Wohnzimmercouch; Sexualität ist seitdem Tabu; ich muß alle Einkäufe erledigen, da meine Frau aus Angst vor Ansteckung das Haus nicht mehr verläßt; wenn ich nach Hause komme, muß ich meine gesamte Kleidung wechseln, um keinen „Schmutz" in die Wohnung zu tragen; waschen muß ich alles selbst, da meine Frau mit meinem „Dreck" nicht in Berührung kommen möchte. Freunde haben unsere Wohnung seit 2 Jahren nicht mehr betreten."

7.5 Selbst- und Fremdratingverfahren

Mit Hilfe von diagnostischen Ratingverfahren lassen sich auf einfache und schnelle Weise Schweregrad sowie Art und Ausmaß der Symptomatik erfassen; zudem sind sie eine zuverlässige Methode, den Therapieverlauf abzubilden.

Es empfiehlt sich, bereits vor dem Erstinterview den Patienten einen Selbstrating-Fragebogen bearbeiten zu lassen und im Rahmen des Erstinterviews ein Fremdratingverfahren durchzuführen.

Inzwischen liegen zahlreiche Selbst- und Fremdratingverfahren zur Messung von Art und Ausmaß der Zwangshandlungen und Zwangsgedanken vor. Im folgenden sei auf die gegenwärtig gebräuchlichsten Ratingverfahren verwiesen, das **Hamburger Zwangsinventar (HZI)** von Zaworka et al. (1983) und dessen Kurzform **(HZI-K)** von Klepsch et al. (1993) sowie die **Yale-Brown–Obsessive-Compulsive-Scale (Y-BOCS)** (Goodman et al. 1989, deutsche Bearbeitung: Hand u. Büttner-Westphal 1991).

Hamburger Zwangsinventar (HZI)

Das HZI (Zaworka et al. 1983) ist ein Selbstratingverfahren, welches wegen seiner guten testtheoretischen Fundierung sowie seiner relativ kurzen Bearbeitungsdauer von in der Regel etwa 20 Minuten vor allem im deutschsprachigen Raum Verbreitung gefunden hat. Das HZI besteht aus 188 bzw. 72 (HZI-K) Items, unterteilt in sechs Faktoren, die für Zwangshandlungen/-gedanken relevant sind:

- Kontrollieren/Wiederholen
- Waschen/Reinigen
- Ordnen
- Zählen/Berühren/Sprechen
- Gedankenketten/Bilder
- Gedanken, sich selbst oder anderen Leid zuzufügen

Das HZI bildet Denk- und Handlungszwänge differenziert ab. Nach Angaben der Autoren soll die HZI-Vorgabe bei Patienten mit ausgeprägt depressiven Erkrankungen und bei Patienten mit schweren Kontrollzwängen nicht verwendet werden.

Yale-Brown-Obsessive-Compulsive-Scale (Y-BOCS)

Mit der wachsenden Beachtung kognitiver Aspekte bei der Entstehung und Aufrechterhaltung von Zwangsstörungen entstanden in den letzten Jahren auch zunehmend Ratingverfahren, welche spezifische kognitive Konstrukte (beispielsweise übermäßige Verantwortlichkeit und Schuld) mit erfassen.

Von den hierzu vorliegenden **Fremdratingverfahren** wurde aufgrund ihrer hohen Interrater-Reliabilität sowie der internen Konsistenz und Änderungssensitivität vor allem die **Y-BOCS** (Goodman et al. 1989) eingesetzt. Sie setzt sich aus einer Symptomcheckliste und einem Schweregradschema zusammen.

Die Symptomcheckliste umfaßt 15 Hauptgruppen von Zwangsgedanken/-handlungen und Gedankenzwängen (s. Tab. 7.1). Die Hauptgruppen sind ihrerseits wieder unterteilt in insgesamt 70 Items, die in einem halbstandardisierten Interview abzufragen sind. Für jedes Item soll der Patient angeben, ob es gegenwärtig auf ihn zutrifft oder früher auf ihn zutraf.

Im Anschluß an die Durchführung der Symptomcheckliste sollen vom Therapeuten eine **Liste der Zielsymptome** sowie eine Hierarchie der stärksten Vermeidung als **erste Zielplanung** eines therapeutischen Vorgehens bezüglich der Symptomatik erstellt werden.

Das **Schweregradschema** wird ebenfalls als halbstandardisiertes Interview durchgeführt. Hierbei werden dem Patienten initial die Unterschiede zwischen Zwangsgedanken und Zwangshandlungen anhand von Beispielen erklärt, woraufhin 16 Fragen hinsichtlich der Schwere der Zwangserkrankung gestellt werden, die im einzelnen mittels eines vorgegebenen Beurteilungsschlüssels mit 0 bis 4 bewertet werden sollen (Tab. 7.2).

Hierauf werden vom Therapeuten der Gesamtschweregrad der Erkrankung sowie die Gesamtverbesserung und die Reliabilität der erhaltenen Information ebenfalls anhand eines vorgegebenen Bewertungsschlüssels geschätzt. Daraufhin kann der Gesamtscore durch Addition errechnet werden.

Tab. 7.1 Auszug aus der Y-BOCS Symptomcheckliste (Hauptgruppe „Aggressive Zwangsgedanken" mit dazugehörigen Items)

Aggressive Zwangsgedanken	Gegen-wärtig	Früher
Befürchtungen, sich selbst zu verletzen		
Befürchtungen, andere zu verletzen		
Gewalttätige oder schreckenserregende Vorstellungen		
Befürchtungen, obszöne Gedanken oder Beleidigungen laut von sich zu geben		
Befürchtungen, etwas Peinliches zu tun		
Befürchtungen, aufgrund unkontrollierbarer Impulse zu handeln (z.B. auf eine nahestehende Person mit dem Messer einzustechen)		
Befürchtungen, einen Diebstahl zu begehen		
Befürchtungen, andere zu verletzen, weil man nicht aufmerksam genug ist (z.B. Befürchtung, jemanden unbemerkt mit dem Auto angefahren und dann durch das Weiterfahren Fahrerflucht begangen zu haben)		
Befürchtungen, dafür verantwortlich zu sein, daß etwas (anderes als oben bereits angegebenes) Schreckliches passiert ist (z.B. Einbruch, Feuer)		
Sonstiges		

Fünf **Schweregradbereiche** werden durch folgende Gesamtpunktwerte (Cut off Scores) der Y-BOCS festgelegt:
 0 – 7: subklinisch
 8 – 15: leicht
16 – 23: mäßig
24 – 31: schwer
32 – 40: extrem

Nachteile der Y-BOCS sind die lange Erstuntersuchungsdauer (ca. 40 Minuten) sowie die Abhängigkeit der Reliabilität vom klinischen Erfahrungsstand des Untersuchers. Ferner ist die diskriminative Validität der Y-BOCS vor allem hinsichtlich des Schweregrades von Angst und Depression bemängelt worden (Goodman et al. 1989). Im übrigen existiert auch eine sprachlich vereinfachte Y-BOCS-Version für Kinder (Cy-BOCS).

Tab. 7.2 Auszug aus der Y-BOCS (Schweregradschema, erste Frage)

„Wieviel Zeit nimmt die Beschäftigung mit Zwangsgedanken in Anspruch?" (Wenn die Zwangsgedanken als kurze, wiederkehrende, sich aufdrängende Gedanken auftreten, kann es schwierig sein, die Zeit in Stunden anzugeben. In diesem Falle erfragen Sie sowohl die Häufigkeit der Zwangsgedanken und die Anzahl der Stunden, die pro Tag davon betroffen sind. Fragen Sie dann: „Wie häufig treten die Zwangsgedanken auf?" Achten Sie darauf, daß Grübeleien und Vorstellungen, die – im Gegensatz zu Zwangsgedanken – ich-synton und rational sind, aber übertrieben wirken, auszuschließen sind).

0　keine Beschäftigung mit Zwangsgedanken

1　leichtes (weniger als eine Stunde pro Tag) oder gelegentliches Aufdrängen von Gedanken

2　mäßiges (ein bis drei Stunden täglich) oder häufiges Aufdrängen von Gedanken, wobei die meiste Zeit des Tages nicht betroffen ist

3　starkes (mehr als drei und bis zu acht Stunden täglich) oder sehr häufiges Aufdrängen von Gedanken und während der meisten Zeit des Tages

4　extremes (mehr als acht Stunden täglich) oder fast ständiges Aufdrängen von Gedanken

8 Psychopharmakotherapie der Zwangsstörungen

Paraskevi Mavrogiorgou und Ulrich Hegerl

Zusammenfassung

- Die Pharmakotherapie stellt neben der Verhaltenstherapie eine wesentliche Grundlage in der Behandlung von Zwangsstörungen dar.
- Neben dem trizyklischen Antidepressivum Clomipramin sind derzeit die selektiven Serotonin-Wiederaufnahmehemmer Fluoxetin, Fluvoxamin und Paroxetin zur Behandlung der Zwangsstörung zugelassen.
- Zu den eher experimentellen Therapieversuchen zählen der Einsatz von MAO-Hemmern und Augmentationsstrategien mit weiteren Serotonin-agonistischen Substanzen wie z.B. Lithium oder Buspiron.
- Bei Komorbidität mit dem Gilles-de-la Tourette Syndrom oder schizotyper Persönlichkeitsstörung wird eine zusätzliche Gabe von Neuroleptika empfohlen. Günstige Ergebnisse aus offenen Studien oder Kasuistiken sind für Haloperidol, Pimozid, Clozapin und Risperidon berichtet worden.
- Bei der Pharmakotherapie der Zwangsstörungen sind die lange Wirklatenz (8–12 Wochen) sowie die bei einigen Patienten nötigen hohen Dosen zu beachten.

8.1 Einleitung

Mit einer Pharmakotherapie, die neben der Verhaltenstherapie eine wesentliche Grundlage der Behandlung von Zwangsstörungen darstellt, kann bei 50 bis 70% der Patienten eine deutliche Besserung der Symptomatik erzielt werden. Dies stellt einen großen therapeutischen Fortschritt dar, wenn man bedenkt, daß die Zwangsstörung lange Zeit als eine weitgehend therapieresistente Erkrankung angesehen wurde.

Bereits Ende der 60er Jahre wurde über den erfolgreichen Einsatz von Clomipramin, eines trizyklischen Antidepressivums, bei der Behandlung der Zwangsstörung berichtet. Die therapeutische Wirksamkeit von Clomipramin wurde auf seine relativ selektive Wiederaufnahmehemmung des Neurotransmitters Serotonin zurückgeführt. Dies führte zu der Hypothese, daß eine serotonerge Dysfunktion ein wesentlicher pathogenetischer Faktor der Zwangsstörung ist. Diese Hypothese wird auch gestützt durch die mittlerweile gut belegte Wirksamkeit selektiver

Serotonin-Wiederaufnahmehemmer (SSRI) wie Fluoxetin, Fluvoxamin und Paroxetin bei der Behandlung der Zwangsstörung.

8.2 Bei Zwangsstörungen wirksame Pharmaka

Bevor auf einzelne Untersuchungen und deren Ergebnisse hinsichtlich wirksamer Medikamente bei der Behandlung der Zwangsstörung eingegangen werden soll, seien zunächst einige zum besseren Verständnis dienende allgemeine Bemerkungen vorangestellt. In der Mehrzahl der neueren Studien wird zur Erfassung des Schweregrades der Zwangssymptomatik und zur Verlaufsbeurteilung der Therapie die Yale-Brown-Obsessive-Compulsive-Scale (Y-BOCS) (s. Kap. 7), häufig in Kombination mit der Global-Obsessive-Compulsive-Scale vom National Institute of Mental Health (NIMH), eingesetzt. Aufgrund der guten Reliabilität und Validität konnte sich die Y-BOCS (Goodman et al. 1989a+b) in den letzten Jahren gegenüber früher häufig angewandten Meßinstrumenten wie z.B. dem Maudsley-Obsessive-Compulsive-Inventory (MOCI, Hodgson u. Rachman 1977) oder dem Leyton-Obsessional-Inventory (LOI, Cooper 1970) durchsetzen. Die ebenfalls häufig verwendete Clinical-Global-Impression-Scale (CGI) dient zur Beurteilung der allgemeinen (nicht zwangsspezifischen) Zustandsverbesserung. Zur Erfassung des Ausmaßes der depressiven Symptomatik, die bei einem großen Teil der Zwangspatienten besteht, wird überwiegend die Hamilton-Depression-Scale (HAMD) eingesetzt. Dies erscheint notwendig, um den Therapieeffekt mit einer gewissen Sicherheit auf die Zwangssymptomatik beziehen zu können, zumal die Effektivität der wirksamen Substanzen, z.B. Clomipramin oder Fluvoxamin, auf dem Hintergrund ihrer antidepressiven Eigenschaften diskutiert wird. Darüber hinaus beeinflußt die „Begleitdepression" insgesamt den Verlauf der Therapie (Therapiezufriedenheit, Motivation, Compliance).

Für die Beurteilung des Therapieerfolgs wurde in den durchgeführten Studien als Response-Kriterium eine Verminderung der Zwangssymptomatik um jeweils 20%, 40% oder 50%, neuerdings jedoch überwiegend von 35% auf der Y-BOCS festgelegt. Die unterschiedlichen Response-Kriterien sind bei der Beurteilung der Response-Raten für Verum bzw. Plazebo zu berücksichtigen. Die Plazebo-Response liegt bei der Zwangsstörung unter 10% und ist somit deutlich niedriger als z.B. bei einer depressiven Störung, die eine Plazebo-Response-Rate von ca. 30% aufweist.

Clomipramin

Bereits Ende der 60er Jahre berichteten Lopez-Ibor und Mitarbeiter über die Wirksamkeit von Clomipramin bei der Behandlung von Zwangssymptomen. Seitdem konnte in zahlreichen plazebokontrollierten Untersuchungen (s. Tab. 8.1) die Wirksamkeit von Clomipramin bei der Zwangsstörung bestätigt werden.

Tab 8.1 Plazebokontrollierte Studien zur Wirksamkeit von Clomipramin

Autoren	Patienten (N)	Dosis (mg/die)	Dauer (Wochen)	Response-Kriterium*	Response-Raten (%)
Montgomery 1980	14	75	4	–	C: 65, P: 4
DeVeaugh-Geiss et al. 1989	384	300	10	35%	C: 45, P: 5
Katz et al. 1989	192	200–300	10	–	C > P
Montgomery et al. 1990	14	75	4	–	C: 65, P: 5
Katz et al. 1990	282	200–300	10	–	C: 61, P: 2
DeVeaugh-Geiss et al. 1991	520	100–300	10	35%	C: 71, P: 8

* Prozentuale Besserung der Y-BOCS, soweit verwendet
C = Clomipramin, P = Plazebo

Hervorzuheben ist aufgrund der großen Anzahl der untersuchten Patienten (N=520) die Studie der Clomipramine-Collaborative-Study-Group (1991). Hierbei konnte bei mehr als der Hälfte (71,3%) der mit Clomipramin behandelten Patienten eine starke bis sehr starke Besserung der Symptomatik erzielt werden, während in der Plazebo-Gruppe lediglich 8,3% der Patienten sich besserten. Als Response-Kriterium war in dieser Untersuchung die Reduktion des Zwangs-Scores um 35% auf der Y-BOCS definiert. Die ebenfalls plazebokontrollierten Untersuchungen von Montgomery und Mitarbeitern (1980, 1990) stellen aufgrund der kurzen Behandlungsdauer (4 Wochen) und niedriger angewandter Dosen von Clomipramin (75 mg/die) eine Ausnahme dar. In beiden Untersuchungen, allerdings mit einer geringen Fallzahl, lag die Response-Rate bei 65%. Im Gegensatz dazu kommt der überwiegende Teil der plazebokontrollierten Untersuchungen zu dem Ergebnis, daß einerseits eine längere Behandlungsdauer (10–12 Wochen) und andererseits eine hohe Dosierung von Clomipramin (200–300 mg/die) die Effektivität wesentlich erhöhen.

Serotonin-Wiederaufnahmehemmer (SSRI)

Aufgrund ihrer gut belegten Wirksamkeit und ihrer allgemein guten Verträglichkeit gelten die SSRI neben Clomipramin als Mittel der ersten Wahl bei der Behandlung der Zwangsstörung.

Erste positive Ergebnisse hinsichtlich einer Wirksamkeit von **Fluoxetin** bei der Zwangsstörung ergaben sich in den Untersuchungen von Turner et al. (1985) sowie Fontaine und Chouinard (1985), die allerdings nur an wenigen Patienten durchgeführt wurden. Mittlerweile konnte die Effektivität von Fluoxetin auch bei größeren Patientenkollektiven gezeigt werden. Erwähnenswert sind hierbei die plazebokontrollierten Studien von Montgomery et al. (1993) sowie von Tollefson et al. (1994), an denen 214 bzw. 355 Patienten mit einer Zwangsstörung teilnahmen, und im Rahmen derer die Wirksamkeit von Fluoxetin in unterschiedlichen Dosierungen (20, 40 und 60 mg/die) geprüft wurde. Montgomery und Mitarbeiter fanden nach einer 8wöchigen Behandlungsdauer eine statistisch signifikante Besserung der Zwangssymptomatik bei einer Tagesdosierung von 60 mg Fluoxetin. Interessanterweise konnte in dieser Studie gezeigt werden, daß bei einem Teil der Patienten, die unter einer Behandlung mit bis zu 40 mg Fluoxetin nicht respondiert hatten (Response war als eine mindestens 25%ige Y-BOCS-Reduktion definiert gewesen), durch eine weitere schrittweise Erhöhung von Fluoxetin bis auf 60 mg/die noch eine deutliche Symptomverbesserung erzielt werden konnte. Über ein ähnliches Ergebnis berichten auch Tollefson et al. (1994). Die während einer 13wöchigen Behandlungsdauer nicht respondierenden Patienten (Response-Kriterium war eine Verminderung des Y-BOCS-Scores um 25% und mehr) wurden weitere 11 Wochen unter offenen Bedingungen mit bis zu 80 mg Fluoxetin behandelt. Von den insgesamt 198 zunächst als Nonresponder klassifizierten Patienten konnte im weiteren Behandlungsverlauf nunmehr bei weiteren 60 Patienten (30,3%) eine Remission der Zwangssymptomatik erzielt werden.

Eine Wirksamkeit bei der Zwangsstörung konnte auch für Fluvoxamin und Paroxetin gezeigt werden (s. Tab. 8.2).

Der neuere Serotonin-Wiederaufnahmehemmer **Sertralin**, welcher in Deutschland noch nicht zur Behandlung der Zwangsstörung zugelassen ist, scheint bereits in niedriger Dosierung (50 mg/die) und in den ersten 2 bis 4 Wochen der Behandlung gut wirksam zu sein (Greist et al. 1995). Dieses Ergebnis muß allerdings, ähnlich wie die Wirksamkeit anderer SSRI (z.B. Citalopram) bei der Behandlung der Zwangsstörung, durch weitere Untersuchungen gesichert werden.

Tab. 8.2 Studien zur Wirksamkeit von SSRI

Autoren	Patienten	Dosis	Dauer (Wochen)	Response (%)
Goodman et al. 1989c	42	Fluvoxamin 225 mg/die	8	19
Chouinard et al. 1990	87	Sertralin 200 mg/die	8	56
Montgomery et al. 1993	214	Fluoxetin 20–60 mg/die	8	40–60
Greist et al. 1995a	325	Sertralin 50–200 mg/die	12	38
Greist et al. 1995b	325	Sertralin 50–200 mg/die	40	34
Zohar u. Judge 1996	406	Paroxetin 60 mg/die	12	55

Clomipramin versus SSRI

Selektive Serotonin-Wiederaufnahmehemmer und Clomipramin zeigten in den meisten Studien eine vergleichbare Wirksamkeit (s. Tab. 8.3).

Detailliert soll nur auf die beiden größten Studien eingegangen werden. In einer plazebokontrollierten 12wöchigen Multicenter-Studie mit über 400 Patienten mit einer Zwangsstörung erwies sich Paroxetin (Dosis 20–60 mg/die) ähnlich gut wirksam wie Clomipramin, welches in Dosierungen von 50 bis 250 mg/die gegeben wurde (Zohar et al. 1996). Bei beiden Gruppen lag die Response-Rate bei ca. 55%. Als Response-Kriterium war eine Besserung von 20% auf der Y-BOCS festgelegt gewesen. Mit einer Nebenwirkungsrate von nur 16% war Paroxetin verträglicher als Clomipramin (28%). Auffällig in dieser Untersuchung war die relativ hohe Plazebo-Response von 35,4%, die im Zusammenhang mit dem niedrigen Response-Kriterium zu diskutieren wäre (Tab. 8.3).

In einer unlängst veröffentlichten Untersuchung von Bisserbe et al. (1997), durchgeführt an 168 ambulanten Patienten mit einer mittleren bis schweren Zwangssymptomatik (Y-BOCS > 20), konnte für Sertralin im Vergleich zu Clomipramin eine signifikant bessere Wirksamkeit gefunden werden. Nach 16 Wochen waren in der Sertralin-Gruppe 50,8% der Patienten deutlich gebessert, während nur 42,9% der mit Clomipramin behandelten Patienten eine Besserung der Zwangssymptomatik zeigten. Darüber hinaus war die Abbruchrate der Behandlung aufgrund unerwünschter Wirkungen in der Clomipramin-Gruppe signifikant höher (26%) als in der Sertralin-Gruppe (11%). Als häufigste Nebenwirkungen wurden von den mit Clomipramin behandelten Patienten Mundtrockenheit, Obstipation, Übelkeit, Müdigkeit sowie Ängstlichkeit genannt. In der Sertralin-Gruppe waren Übelkeit und Durchfall die häufigsten unerwünschten Nebenwirkungen.

Andere experimentelle Substanzen

Kasuistische Hinweise, jedoch insgesamt keine ausreichenden Belege für eine Wirksamkeit bei der Zwangsstörung liegen für **Trazodon**, ein tetrazyklisches Antidepressivum mit Serotonin-Wiederaufnahmehemmenden Eigenschaften und für die **MAO-Hemmer** (Monoaminooxidae-Hemmer) vor.

Benzodiazepine können zur Monotherapie der Zwangsstörung ebenfalls nicht empfohlen werden, da lediglich für Clonazepam eine kontrollierte Untersuchung

Tab. 8.3 Vergleichsstudien von Clomipramin (CMI) versus SSRI

Autoren	Patienten (N)	Substanzen
Pigott et al. 1990	32	CMI = Fluoxetin
Koran et al. 1996	79	CMI = Fluvoxamin
Zohar et al. 1996	406	CMI = Paroxetin
Bisserbe et al. 1997	168	CMI < Sertralin

vorliegt (Hewlett et al. 1992). Darüber hinaus besteht aufgrund der Chronizität der Zwangsstörung die Gefahr einer Benzodiazepin-Abhängigkeit. Benzodiazepine sollten deshalb nur kurzfristig bei akut suizidalen Patienten im Sinne einer Komedikation (zu Clomipramin oder einem SSRI) eingesetzt werden.

Ausgehend von der Hypothese des Serotonin-Mangels als wesentlichem pathogenetischem Faktor der Zwangsstörung wurde die therapeutische Wirksamkeit auch anderer serotonin-agonistischer Substanzen wie z.B. **Buspiron** (partieller 5-HT1A-Rezeptor-Agonist) und **Lithium** untersucht. Die Ergebnisse der dazu vorliegenden Untersuchungen, die an wenigen Patienten durchgeführt wurden, sind insgesamt inkonsistent, so daß die Bedeutung beider Substanzen sowohl als Monotherapeutika wie auch als Zusatzmedikation (im Sinne einer Augmentation) bei der Behandlung der Zwangsstörung offen bleibt (Pato et al. 1991, Pigott et al. 1991, Ruegg et al. 1992, McDougle et al. 1993).

Für **Fenfluramin**, ein Amphetaminderivat, welches einerseits die Serotonin-Freisetzung fördert und andererseits die Serotonin-Wiederaufnahme hemmt und als Appetitzügler eingesetzt wird, liegen positive Ergebnisse lediglich aus zwei Untersuchungen von Hollander et al. (1990, 1992) mit jeweils kleinen Fallzahlen vor, so daß diese Substanz zur Behandlung der Zwangsstörung nicht empfohlen werden kann.

Weitere Substanzen, die in Einzelfällen zur Behandlung von Zwangssymptomen eingesetzt wurden, deren Bedeutung aber aufgrund noch fehlender kontrollierter Untersuchungen nicht absehbar ist, sind die Antiepileptika Carbamazepin (Joffe u. Swinson 1987) und Valproinsäure (Deltito 1994). Auch der kasuistisch berichtete erfolgreiche Einsatz von Steroidhormonen sowie immunsuppressiver Substanzen (s. Hewlett 1997) stellt keine derzeit fundierte Behandlungsmöglichkeit der Zwangsstörung dar.

Neuroleptika

Neuroleptika zur Monotherapie der reinen Zwangsstörung haben sich nicht als wirksam erwiesen.

Widersprüchlich ist die Literatur zur Wirksamkeit von **Clozapin**. Einerseits wurde unter einer Clozapin-Medikation immer wieder die Entwicklung von Zwangssymptomen beobachtet, andererseits wurde aber auch in Einzelfällen eine positive Beeinflußung von Zwangssymptomen durch Clozapin beobachtet (Eales u. Layeni 1995, Übersicht in Ghaemi et al. 1995). Die Bedeutung von Clozapin in der Behandlung von Zwangsstörungen, sei es als Monotherapeutikum oder als Adjuvans, bleibt unklar.

Bei Komorbidität mit dem Gilles-de-la-Tourette-Syndrom oder schizotyper Persönlichkeitsstörung erwies sich der Einsatz von Neuroleptika hilfreich.

So fanden McDougle et al. (1994a) in einer doppelblinden, plazebokontrollierten Studie, daß die Zugabe von **Haloperidol** zu einer bestehenden Fluvoxamin-Medikation besonders bei den Patienten erfolgreich war, die neben einer Zwangssymptomatik auch Tics aufwiesen.

Ähnlich gut wirksam erwies sich bei Patienten mit einer Zwangssymptomatik und zusätzlichen Tics auch die Kombination von Fluvoxamin und **Pimozid** (McDougle et al. 1990).

Positive Ergebnisse wurden ebenfalls für **Risperidon** in Kombination mit Fluvoxamin (McDougle et al. 1994b) bzw. mit Sertralin oder Clomipramin (Jacobsen 1995) berichtet.

Wirksamkeitsvergleich zwischen serotonergen und noradrenergen Antidepressiva

Immer wieder wird behauptet, daß Substanzen, die nicht so stark den serotonergen Stoffwechsel beeinflussen, unwirksam bei der Behandlung der Zwangsstörung seien. Hinweise dafür stammen aus Studien, in denen Serotonin-Wiederaufnahmehemmer mit weniger Serotonin-spezifischen Antidepressiva (Amitriptylin, Nortriptylin, Imipramin, Desipramin) verglichen wurden (s. Tab. 8.4).Thoren et al. (1980) fanden in einer doppelblinden randomisierten plazebokontrollierten Studie mit 24 Patienten, die neben der Zwangssyptomatik zum Teil auch eine zusätzliche depressive Symptomatik aufwiesen, eine Abnahme des Zwangs-Scores auf der CPRS (Comprehensive-Psychiatric-Rating-Scale) um 42% in der Clomipramin-Gruppe (n=8) und um 21% bei den mit Nortriptylin behandelten Patienten (n=8). Als einzig statistisch signifikantes Ergebnis fand sich jedoch, daß Clomipramin wirksamer als ein Plazebo ist, während sich die beiden aktiv wirksamen Substanzen nicht signifikant unterschieden.

Im direkten Vergleich von Clomipramin mit Imipramin erwies sich Clomipramin in einer 12wöchigen Untersuchung von Volavka et al. (1985) bei insgesamt 23 Patienten mit einer Zwangs- und sekundären depressiven Symptomatik als effektiv und gut verträglich. Da hinsichtlich der Wirksamkeit kein signifikanter Unterschied zwischen den beiden Trizyklika gefunden werden konnte, und darüber hinaus die mit Imipramin behandelten Patienten trotz der Randomisierung höhere Ausgangs-Scores aufwiesen, vermieden es die Autoren, von einer Überlegenheit von Clomipramin zu sprechen. In der Untersuchung von Zohar und Insel (1987) bei 10 Patienten mit einer Zwangsstörung ohne sekundäre Depression war Clomipramin Desipramin, einer überwiegend noradrenerg wirksamen Substanz , signifikant überlegen. Eine Überlegenheit von Fluvoxamin gegenüber Desipramin konn-

Tab. 8.4 Studien zum Vergleich von Clomipramin (CMI) mit noradrenergen Trizyklika

Autoren	Patienten (N)	Substanzen
Ananth et al. 1979	20	CMI = Amitriptylin
Thoren et al. 1980	24	CMI = Nortriptylin
Volavka et al. 1985	16	CMI = Imipramin
Zohar u. Insel 1987	10	CMI > Desipramin

ten Goodman et al. (1989d) zeigen. In dieser Untersuchung respondierten 11 der 21 Patienten unter Fluvoxamin, dagegen nur zwei der 19 Patienten unter Desipramin.

Insgesamt muß dennoch angemerkt werden, daß durch diese wenigen Untersuchungen mit geringer Patientenzahl eine selektive Wirksamkeit von serotonergen Substanzen zwar nahegelegt wird, aber nicht als belegt angesehen werden kann.

Dosierung bei Zwangsstörungen im Vergleich zu depressiven Störungen

Ältere Arbeiten von Montgomery und Mitarbeitern (1980, 1990) zu Clomipramin sowie neuere Untersuchungen zu Sertralin (Bisserbe et al. 1997) lieferten Hinweise dafür, daß diese Substanzen auch in niedriger Dosierung und mit einer kurzen Wirklatenz (2–4 Wochen) effektiv sein können. Die Mehrzahl der durchgeführten Untersuchungen jedoch (vor allem zu Fluoxetin, Fluvoxamin, aber auch Clomipramin) zeigten hingegen, daß durch eine länger andauernde Gabe (bis zu 12 Wochen) und höhere Dosierungen die Wirksamkeit der Substanzen deutlich besser war. Hieraus wurde die Empfehlung abgeleitet, daß generell bei Patienten mit Zwangsstörungen höher dosiert werden sollte. Die höheren Response-Raten bei Weiterführung der Medikation in hohen Dosen könnte jedoch auch lediglich ein Zeiteffekt, d.h. Folge einer bei einzelnen Patienten sehr langen Wirklatenz und nicht ein Dosiseffekt sein.

Insgesamt ist eine abschließende Beurteilung der Frage, ob bei der Zwangsstörung generell höher dosiert werden soll, zur Zeit nicht möglich.

Ein sinnvolles Vorgehen beim gegenwärtigen Kenntnisstand wäre eine Behandlung mit den auch bei der Depressionsbehandlung üblichen Dosen zunächst über 12 Wochen und, bei unbefriedigendem Ansprechen, eine anschließende Höherdosierung. Von Non-Response auf Clomipramin oder SSRI sollte in jedem Fall nur gesprochen werden, wenn sich nach einer Behandlung über mehr als 12 Wochen unter hohen Dosen kein Therapieerfolg einstellt.

8.3 Pharmakotherapie in Kombination mit Verhaltenstherapie (s.a. Kap. 9.5)

Bei der Behandlung der Zwangsstörung ist nach heutigem Kenntnisstand die Kombination von Pharmakotherapie und Verhaltenstherapie (VT) die Therapie der Wahl. Hinweise für die Effektivität der Kombination von Pharmako- und Verhaltenstherapie lieferten bereits ältere Untersuchungen. Marks et al. (1980) führten an 40 Patienten mit einer Zwangssymptomatik eine 36wöchige plazebokontrollierte Behandlung mit Clomipramin in Kombination mit einer Expositionstherapie durch. Dabei erwies sich die Behandlung mit Clomipramin und VT wirksamer als die Kombination VT plus Plazebo. Auch in einer später von der gleichen

Arbeitsgruppe durchgeführten plazebokontrollierten Studie an 49 Zwangspatienten zeigte sich gegenüber der Plazebo-VT-Kombination eine deutliche Überlegenheit der Kombination von Clomipramin mit verschiedenen verhaltenstherapeutischen Verfahren, vor allem in den ersten 8 Wochen dieser 17wöchigen Studie (Marks et al. 1988).

Erwähnenswert ist auch die Arbeit von Cottraux et al. (1990), nicht nur wegen der Patientenzahl (n=60), der Behandlungsdauer (24 Wochen) und der Durchführung unter plazebokontrollierten Bedingungen, sondern auch aufgrund des Versuchs, den Einfluß verschiedener verhaltenstherapeutischer Verfahren (Exposition in vivo versus Reaktionsverhinderung) zu untersuchen. Es konnte von diesen Autoren gezeigt werden, daß von allen Möglichkeiten die Kombination von Expositionsbehandlung und 300 mg Fluvoxamin die beste Wirkung erzielte.

Neuerdings konnte eine plazebokontrollierte Multicenter-Studie zeigen, daß die Kombination Fluvoxamin und VT der Behandlung mit Plazebo und VT deutlich überlegen war, und zwar bei Patienten, die überwiegend an Zwangsgedanken litten. Dies ist plausibel, da Zwangsgedanken verhaltenstherapeutisch schwieriger anzugehen sind als Zwangshandlungen. Darüber hinaus zeigten die Patienten, die zusätzlich eine depressive Symptomatik aufwiesen, eine geringere Reduktion der Y-BOCS unter der Kombination von VT plus Plazebo als die jenigen, die VT und Fluvoxamin erhalten hatten (Hohagen et al. 1997).

Auch aus der Metaanalyse von van Balkom et al. (1994) geht hervor, daß die Wirkstärke einer Kombinationsbehandlung sowohl einer pharmakologischen Monotherapie als auch der alleinigen Anwendung der Exposition in vivo mit Reaktionsverhinderung deutlich überlegen ist. Im zeitlichen Behandlungsverlauf zeigt sich der therapeutische Effekt der Pharmakotherapie vor allem in den ersten Wochen und Monaten, während eine Stabilisierung und Aufrechterhaltung der Zustandsbesserung durch die Verhaltenstherapie längerfristig von größerer Bedeutung ist und so die Reduktion bzw. das Absetzen der Psychopharmaka ermöglicht (Silvestre u. Aronowitz 1997).

8.4 Praktische Vorgehensweise bei der Pharmakotherapie der Zwangsstörung

Vor Beginn einer medikamentösen Behandlung sollte der Patient mit einer Zwangsstörung selbstverständlich nicht nur über die möglichen unerwünschten Wirkungen des entsprechenden Pharmakons aufgeklärt werden, sondern auch darüber, daß eine kontinuierliche langfristige Einnahme erforderlich ist. Darüber hinaus sollte der Patient auch über die Möglichkeit einer Verhaltenstherapie (s. Kap. 9),die als Standardtherapie der Zwangsstörung gilt, aufgeklärt werden.

Zur Messung bzw. Quantifizierung des Behandlungserfolges sollte die Y-BOCS eingesetzt werden (s. Abb. 8.1 und Kap. 7).

Obwohl Clomipramin hinsichtlich der Wirksamkeit bei der Zwangsstörung die derzeit am besten untersuchte Substanz darstellt, sind SSRI als eine gleichwertige

Tab. 8.5 Dosisempfehlungen der wirksamen Substanzen bei der Zwangsstörung. Eine einschleichende Dosierung muß beachtet werden.

Substanz	Dosis (mg/die)
Clomipramin (Anafranil®)	150–300
Fluvoxamin (Fevarin®)	150–300
Paroxetin (Seroxat®, Tagonis®)	40–60
Fluoxetin (Fluctin®)	40–80
Sertralin (Zoloft®)	50–200

Alternative anzusehen. Neben Clomipramin (Anafranil®) sind derzeit in Deutschland zur Behandlung der Zwangsstörung Fluoxetin (Fluctin®), Fluvoxamin (Fevarin®) und Paroxetin (Seroxat®, Tagonis®) zugelassen. Auf die Notwendigkeit einer ausreichenden Dosierung sowie die Betrachtung der vergleichsweise langen Wirklatenz ist bereits hingewiesen worden. Dosierungsempfehlungen sind Tabelle 8.5 zu entnehmen.

In Einzelfällen, insbesondere bei Nicht-Ansprechen oder chronischem Verlauf, kann eine weitere Dosissteigerung (z.B. Paroxetin 80 mg/die, Clomipramin 300 mg etc.) indiziert sein. Da eine Effektivität der Behandlung frühestens nach 8 bis 12 Wochen zu erwarten ist, sollte bis dahin ein Wechsel bzw. Behandlungsabbruch vermieden werden.

Bei Nicht-Ansprechen auf Clomipramin oder auf das primär ausgewählte SSRI trotz ausreichender Behandlungsdauer und Dosierung ist ein Wechsel auf ein anderes SSRI indiziert (Abb. 8.1); zumal die verschiedenen SSRI sich in ihren pharmakokinetischen und pharmakodynamischen Eigenschaften durchaus unterscheiden.

Auch bei Auftreten von für den Patienten belastenden unerwünschten Wirkungen unter einer Behandlung mit Clomipramin wäre an einen Wechsel zu einem oft besser verträglichen SSRI zu denken.

Für eine dauerhafte Remission der Zwangssymptomatik ist eine medikamentöse Erhaltungstherapie erforderlich. Bei einer Therapie-Response, d.h. einer Symptomverbesserung ab 35% und mehr (gemessen an der Y-BOCS) empfiehlt sich eine 6- bis 12monatige Aufrechterhaltung der therapeutischen Dosis. Anschließend kann der Patient auf eine niedrigere Erhaltungsdosis eingestellt werden (Osterheider 1995). Erste Absetzversuche sollten erst nach 1- bis 2jähriger Medikation sehr vorsichtig unternommen werden, da, wie einige Untersuchungen (Pato et al. 1988; Pato et al. 1991) zeigen konnten, mit hohen Rezidivraten zu rechnen ist.

Bei **Therapieresistenz** auf eine Serotonin-agonistische Monotherapie kann im Rahmen der Therapiefreiheit eine Augmentations- bzw. Kombinationsbehandlung in Betracht gezogen werden. In diesem Zusammenhang muß kritisch angemerkt werden, daß die in der Literatur immer wieder beschriebenen Augmentationsstrategien mit Lithium oder Buspiron hinsichtlich ihrer Wirksamkeit bei der Zwangsstörung wenig belegt sind. Die zum Teil inkonsistenten Untersuchungs-

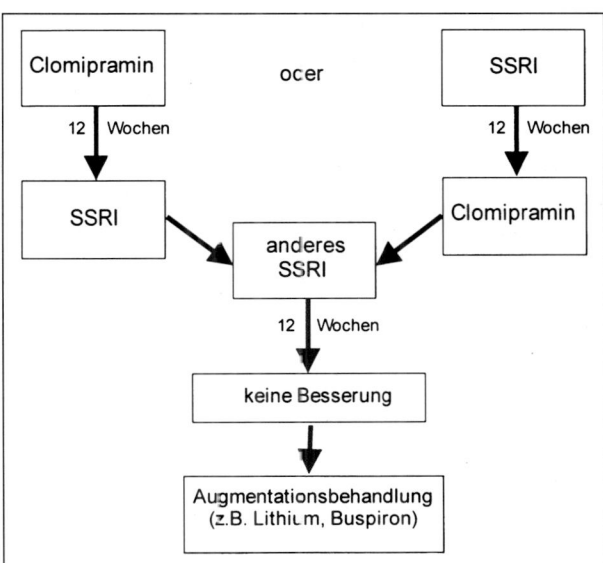

Abb. 8.1 Schematische Darstellung der pharmakotherapeutischen Schritte. Bei allen Patienten ist eine Kombination mit Verhaltenstherapie anzustreben. Dies gilt in verstärktem Maße für Patienten mit ungenügendem Ansprechen auf die Pharmakotherapie.

ergebnisse sprechen für einen Therapieversuch nur nach strenger Indikationsstellung und eine Abwägung individueller Gegebenheiten.

Auch wenn sich die Kombinationsbehandlung aus Clomipramin und Fluoxetin in einer offenen Studie von zwangserkrankten Jugendlichen als gut wirksam erwies (Simeon et al. 1990), so kann eine Kombination von Clomipramin mit einem SSRI nur bedingt empfohlen werden. Gründe hierfür sind einerseits der Mangel an gesicherten Ergebnissen aus kontrollierten Untersuchungen hinsichtlich der Wirksamkeit und andererseits das damit verbundene erhöhte Nebenwirkungsrisiko. So kann es unter dieser Kombination zum Delir oder zu Krampfanfällen kommen. Aufgrund der durch SSRI verursachten Hemmung der Cytochrom-P450-Oxidase in der Leber kann es bei gleichzeitiger Gabe zu einer erheblichen Plasmaspiegel-Erhöhung von Clomipramin kommen. Auch mit dem Entstehen eines Serotonin-Syndroms mit Verwirrung, Unruhe, Myoklonien, Hyperreflexie, Durchfall, Fieber, Schwindel, Schwitzen, Tremor und Hypertonus (Sternbach 1991) ist bei diesen Kombinationen zu rechnen. Aus diesem Grunde sollten bei einer klinisch notwendigen Kombination von Clomipramin mit einem SSRI die Plasmaspiegel engmaschig kontrolliert werden, gegebenenfalls muß die Dosierung von Clomipramin reduziert werden.

Kombinationsbehandlungen von Clomipramin bzw. SSRI und irreversiblen MAO-Hemmern wie z.B. Tranylcypromin sind strikt zu vermeiden, da es hierunter auch zum Auftreten eines Serotonin-Syndroms kommen kann.

Bei ausgeprägter Therapieresistenz und bestehender Suizidalität können in Einzelfällen auch **nichtpharmakologische Behandlungsmöglichkeiten** (unabhängig von einer VT) in Erwägung gezogen werden. Positive Effekte durch eine Elektrokrampftherapie wurden kasuistisch berichtet (Soyka et al. 1991; Wohlfahrt et al. 1996).

Neurochirurgische Interventionen (Kapsulotomie, Zingulotomie; s. Übersicht Mindus et al. 1994) können bei schweren therapierefraktären Zwangsstörungen erwogen werden. Sie werden aber in Deutschland nicht durchgeführt.

8.5 Zusammenfassende Betrachtung und Ausblick

Die Möglichkeiten einer Pharmakotherapie bei der Zwangsstörung sind in den letzten 10 Jahren erst richtig erkannt und zum Wohle der Patienten genutzt worden. Bei ausreichend hoher Dosierung und Berücksichtigung der Wirklatenz (bis zu 12 Wochen) ist bei ca. 60% der Patienten unter einer Pharmakotherapie mit einer deutlichen Besserung der Zwangssymptomatik zu rechnen. In vielen Fällen kann durch eine Behandlung jedoch kein völliges Verschwinden der Zwangs-symptomatik erreicht werden. Die Tatsache, daß ein beträchtlicher Anteil nicht auf eine Pharmakotherapie anspricht, weist darauf hin, daß es offensichtlich Unter-gruppen von Patienten mit Zwangsstörung gibt, die vermutlich durch unterschied-liche pathophysiologische und pathogenetische Faktoren gekennzeichnet sind. Eine nähere klinische und biologische Charakterisierung dieser Untergruppen wäre zur Therapieoptimierung Aufgabe zukünftiger Forschung.

Abschließend sei betont, daß die Pharmakotherapie nur ein Baustein im Behandlungskonzept bei Zwangsstörungen ist. Verhaltenstherapie und auch so-ziotherapeutische Verfahren sind im Rahmen eines integrativen Therapieansatzes weitere wichtige Komponenten in der Behandlung von Patienten mit einer Zwangsstörung.

9 Aktuelle empirische Befunde zur Effektivität der Verhaltenstherapie bei der Zwangsstörung

Sabine Bossert-Zaudig und Michael Zaudig

Zusammenfassung

- Seit 1958 erste Hinweise auf die Effektivität der systematischen Desensibilisierung bei Zwangsstörung
- Seit den 70er Jahren setzten sich die Exposition, Reaktionsverhinderung sowie kognitive Verfahren durch.
- Die Verhaltenstherapie weist wissenschaftlich gesichert sowohl Kurz- wie Langzeiteffekte auf.
- Die Kombination von Verhaltenstherapie mit Antidepressiva ist erfolgreich.
- Besonders schwere und chronifizierte Zwänge erfordern eine stationäre, multimodale Verhaltenstherapie.

9.1 Einleitung, historische Entwicklung und Grundlegendes zur Effektivität der Verhaltenstherapie bei Zwangsstörungen

1958 berichtet Wolpe erstmalig über die systematische **Desensibilisierung** bei Patienten mit Zwangssymptomen, die Resultate waren jedoch eher entmutigend. Emmelkamp (1982) kommt in einer Metaanalyse zu dem Schluß, daß die Erfolgsrate bei systematischer Desensibilisierung unterhalb der 50%-Grenze liegt. Es handelte sich hierbei jedoch nur um Einzelfallstudien. Andere Verfahren zur Behandlung von Zwangsstörungen, die in der internationalen Literatur genannt wurden, sind: **Implosionstherapie, Habituationstraining, Flooding in der Vorstellung** und **In-vivo-Aversionstherapie**. Alle genannten Behandlungen haben mindestens ein gemeinsames Element, nämlich die Konfrontation mit angstinduzierenden Stimuli (in sensu und in vivo). In den 70er Jahren setzte sich eine Kombination von Reaktionsverhinderung, Modelling und In-vivo-Exposition durch (Meyer et al. 1974). Marks et al. (1975) fanden, daß die graduelle Exposition in vivo ebenso effektiv ist wie Flooding. Dies bedeutet, daß es nach Marks nicht nötig ist, während einer Exposition in vivo die maximale Angst (Flooding) hervorzurufen.

Den Durchbruch der Behandlung von Zwangshandlungen stellten die Verfahren der Exposition und Reaktionsverhinderung dar (s. o.). Reinecker beschreibt diese Methode folgendermaßen:

„Der Begriff Exposition (exposure) bezeichnet die Darbietung einer vom Klienten gefürchteten Situation (in der Vorstellung, zumeist aber in der Realität); innerhalb des Expositionstrainings ergeben sich verschiedene Variationsmöglichkeiten hinsichtlich der Dauer der Darbietung, der Geschwindigkeit der Darbietung, der Exposition unter Anleitung eines Modells (zum Teil auch in Gruppen) sowie der Instruktion über selbst kontrollierte Exposition des Individuums zwischen den therapeutischen Sitzungen. (...) Reaktionsverhinderung (response prevention) meint die Prozedur zur Verhinderung von Vermeidungsverhalten, wie sie bei Expositionsverfahren zumeist notwendig ist" (Reinecker 1990).

In den 80er Jahren zeigten Emmelkamp et al. (1988), daß die selbstkontrollierte Exposition genauso effektiv ist wie die Exposition in Anwesenheit des Therapeuten. Längere Exposition in vivo erwies sich als signifikant effektiver als eine kurze Exposition, die Konfrontation mit den angstinduzierenden Stimuli als auch die Reaktionsverhinderung des Zwangsverhaltens sind wesentliche Bestandteile einer effektiven Behandlung. Nach Foa et al. (1984) besteht die effektivste Behandlung in der Kombination beider Verfahren. Nach Emmelkamp et al. (1988) ist es nicht nötig, die Expositionsbehandlung tagtäglich auszuführen; diese Studie verdeutlichte, daß eine Expositionsbehandlung mit einer begrenzten Anzahl von zwei Sitzungen pro Woche im Vergleich zu vier wöchentlichen Sitzungen genauso effektiv ist. Die Behandlungseffekte einer Kombinationstherapie von Exposition in vivo und Reaktionsverhinderung seien von dauerhafter Natur.

Kognitive Wende

In den 90er Jahren konnten Visser et al. (1992) nachweisen, daß die Effekte auch vier Jahre nach Beendigung der Behandlung fortbestehen. Die Patienten waren auch deutlich weniger depressiv als vorher. Im Rahmen der **kognitiven Wende der Verhaltenstherapie** wurden auch **kognitive Verfahren** mit der **Exposition in vivo** verglichen. Emmelkamp und Beens (1991) zeigten, daß die Effektivität von selbstkontrollierter In-vivo-Exposition mit der der kognitiven Therapie (**rational-emotive Therapie**) vergleichbar ist. Jedoch zeigte sich eine Kombination von kognitiver Therapie und In-vivo-Exposition nicht effektiver als In-vivo-Exposition allein (Emmelkamp et al. 1993). Freeston et al. (1987) konnten allerdings bei Patienten mit Zwangsgedanken (ohne Handlungsrituale) einen gegenüber der Kontrollgruppe (Warteliste) deutlich überlegenen, stabilen Effekt kognitiver Therapie nachweisen.

Insgesamt kann davon ausgegangen werden, daß die **kognitive Therapie** im Sinne rational-emotiver Therapie bei der Behandlung von Zwangsstörungen eine

Rolle spielt. Spezifische empirisch gesicherte Kriterien zur Indikationsstellung kognitive versus behavioral orientierte Therapie liegen bislang jedoch nicht vor.

Behandlung von Zwangsgedanken

In der Forschung wurde der verhaltenstherapeutischen Behandlung von **Zwangsgedanken** in weitaus geringerem Maße Aufmerksamkeit geschenkt als der Behandlung von **Zwangshandlungen**. Dennoch gab es in den letzten Jahren einige Erfolge, und verhaltenstherapeutische Maßnahmen bei reinen Zwangsgedanken wurden systematischer untersucht. Dies sind: Gedankenstopp- und Aversionstherapie, langandauernde Exposition und Behandlungen, die nicht direkt auf Zwangsgedanken gerichtet sind, sondern auf tieferliegende Probleme.

Grundsätzlich können zwei Arten von Zwangsgedanken unterschieden werden (Reinecker 1991). Zum einen gibt es Zwangsgedanken mit **Stimuluscharakter**, hierzu zählt z.B. der Impuls, mit dem Messer den Ehepartner zu töten. Dadurch wird die Angst oder die Unruhe erhöht. Solche Gedanken gehen oft einer Zwangshandlung voraus. Zum anderen gibt es Zwangsgedanken mit **Reaktionscharakter**, sogenannte neutralisierende Gedanken; durch sie wird versucht, Angst und Unruhe zu reduzieren, hierzu zählt z.B. das gedankliche Nachkontrollieren. Die Unterscheidung ist sicherlich nicht immer einfach. So können inhaltlich gleiche Gedanken unter Umständen beide Funktionen einnehmen.

Nach Reinecker können drei verschiedene Arten von Verfahren angewandt werden:
- Varianten von Konfrontationsverfahren (z.B. Sättigungstraining, Habituationstraining, Flooding oder Implosion)
- Gedankenstopp-Verfahren
- Kognitive Therapieverfahren (z.B. rational-emotive Therapie – RET) oder Selbstinstruktionstraining nach Meichenbaum)

Konfrontationsverfahren sind eher für angstauslösende Gedanken geeignet, die Technik des Gedankenstopps nur für neutralisierende Gedanken, da sonst die Auseinandersetzung mit den problematischen Gedanken und die Habituation verhindert werden (Reinecker 1991; Reinecker u. Zaudig 1995).

Andere zusätzliche Behandlungsinterventionen

Es herrscht grundsätzlich Einigkeit darüber, daß es zur Aufrechterhaltung des Therapieerfolges unbedingt nötig ist, auch Probleme zu behandeln, die über die Zwangssymptomatik hinausgehen. Nicht selten ist zusätzlich eine Ehe- oder Familientherapie angebracht, aber auch Entspannungstraining, Selbstsicherheitstraining oder ähnliches können, je nach individueller Lage, hilfreich sein (s. auch Kap. 6 und 10).

9.2 Kurzzeiteffekte der Verhaltenstherapie

Foa et al. (1995) kommen bei der Zusammenfassung von Studien mit über 2.000 Patienten mit Zwangsstörungen auf folgendes Ergebnis: 51% dieser Patienten können als sehr verbessert oder symptomfrei, das bedeutet eine Symptomreduktion von mindestens 70%, angesehen werden, 39% als leicht gebessert, d.h. eine Symptomreduktion von 30 bis 69% und 10% müssen als Mißerfolge gewertet werden. Diese Ergebnisse beziehen sich auf die Bewertung direkt nach der Behandlung.

Eine neuere Übersicht (Foa u. Kozak 1996) über 13 Studien, die den Effekt von Exposition und Reaktionsverhinderung bei insgesamt 330 Patienten untersuchte, stellt fest, daß bei 40 bis 97% der Patienten Zwangssymptome unmittelbar nach der Behandlung (im Mittel 15 Sitzungen) in unterschiedlichem Ausmaß gebessert waren. Der prozentuale Anteil gebesserter Patienten lag im Mittel bei 83%.

Die diskrepanten Besserungsraten sind auf die methodischen Unterschiede der in den vergangenen 20 Jahren in verschiedenen Ländern durchgeführten Untersuchungen zurückzuführen: Ältere Studien untersuchten häufiger stationäre Behandlungsprogramme, während neuere Untersuchungen sich eher auf ambulant behandelte Patienten beziehen. Weitere methodische Unterschiede bestehen in der Zahl der Sitzungen (zwischen 3 und 80), der Dauer der Exposition, der Konsequenz, mit der Reaktionsverhinderung angewendet wurde, sowie der Art und Anzahl außertherapeutischer Übungen und dem Einbeziehen von Exposition in sensu. In der vorliegenden Literatur konnte zumindest über einen Zeitraum von bis zu 6 Jahren ein stabiles Therapieergebnis kognitiv-verhaltenstherapeutischer Behandlung nachgewiesen werden (Marks 1975; Foa u. Steketee 1979; Kasvikis u. Mark 1988; O'Sullivan et al. 1991; Hand 1995).

Reine **Zwangsgedanken** galten als hartnäckiger und schwieriger zu behandeln als Zwangshandlungen (Emmelkamp 1982). Neuere Studien jedoch konnten diese Annahme nicht bestätigen. In einer Studie von Arts et al. (1993) wurden 49 Patienten mit Zwangshandlungen/-gedanken mit selbstkontrolliertem ERP (exposure/response prevention) und 26 Patienten mit reinen Zwangsgedanken mit Habituationstraining und Verhinderung der Neutralisierungsrituale behandelt. Der Therapieausgang war in beiden Patientengruppen nahezu identisch: 75% der Patienten mit Zwangshandlungen und Zwangsgedanken und 73% der Patienten mit reinen Zwangsgedanken profitierten von der Behandlung.

9.3 Langzeiteffekte (Follow-up) der Verhaltenstherapie

Hinsichtlich der Langzeiteffekte von Exposition und Reaktionsverhinderung stellen Foa und Kozak (1996) bei einer Zusammenfassung der Ergebnisse von 16 Untersuchungen mit insgesamt 376 Patienten fest, daß 76% der Patienten während eines durchschnittlichen Katamnesezeitraums von 29 Monaten eine deutliche Besserung der Zwangssymptomatik zeigen. Auch bei den Studien, die den Langzeiteffekt von Verhaltenstherapie bei Zwangsstörungen untersuchten, liegt der prozentuale Anteil der Patienten, die auf die Behandlung ansprechen, zwischen 50 und 100%.

Neben der methodischen Verschiedenheit der Studien beeinflussen zusätzlich angewandte Therapieverfahren die Besserungsraten. Darüber hinaus waren Art und Umfang von Behandlungen im Katamnesezeitraum nicht oder selten kontrolliert. In Anbetracht dieser großen methodischen Probleme stimmen die Daten aus 12 der 16 Studien, die längerfristige Besserungsraten zwischen 70 und 85% berichten, erstaunlich überein.

Erwähnenswert ist weiterhin, daß die Anzahl der Patienten, die an den Follow-up-Studien teilgenommen haben, sehr variiert und insgesamt nicht sonderlich umfangreich sind. Die meisten der von Foa und Kozak (1996) zitieren Follow-up-Studien wiesen Patientenzahlen von 6 bis maximal 42 Patienten auf, wobei der Durchschnitt bei etwa 20 Patienten pro Studie liegt.

Die größte bisher bekannte Follow-up-Studie stellt die Windach-Studie dar, in der 616 Patienten retrospektiv untersucht wurden und letztlich 116 Patienten über einen durchschnittlichen Zeitraum von 6 Jahren immer wieder nach ihrer Symptomatik befragt wurden. 45% der Patienten (durchschnittlich 6 Jahre nach der Entlassung aus der Klinik Windach) beurteilten ihren Therapieerfolg als gut bis sehr gut im Sinne einer deutlichen Besserung bis hin zur Symptomfreiheit), 26% als befriedigend (leichte Besserung), 20% als nicht befriedigend, d.h. unverändert und 9% als verschlechtert (Reinecker u. Zaudig 1995; Erlbeck et al. 1993; Reinecker et al. 1994).

9.4 Vergleich der Effektivität stationärer und ambulanter Verhaltenstherapie

Der empirisch nachgewiesene Erfolg verhaltenstherapeutischer Maßnahmen bei Zwangsstörungen, in erster Linie Exposition und Reaktionsverhinderung, beruhte zunächst vor allem auf Untersuchungen bei stationär behandelten Patienten (Meyer et al. 1974; Marks 1975; Foa et al. 1980). Nachfolgende Studien konnten zeigen, daß die kostengünstigere ambulante verhaltenstherapeutische Behandlung von Patienten ebenso effektiv ist (Boersma et al. 1976; Emmelkamp 1982). Bislang liegen kaum empirisch erhobene Daten vor, die Kriterien liefern für eine differentielle Indikationsstellung stationäre versus ambulante Therapie (Winkelmann u. Hohagen 1995). Obwohl die große Mehrheit der Patienten mit Zwangsstörungen, die sich zu einer Verhaltenstherapie entschließt, erfolgreich ambulant behandelt werden kann, scheinen Patienten, deren Zwangsstörung für ein ambulantes Therapiesetting zu ausgedehnt und desintegrativ ist, im Rahmen eines intensiven 9wöchigen stationär-verhaltenstherapeutischen Therapieprogramms durch sorgfältigen, optimalen Zeiteinsatz von (co-) therapeutischem Personal relativ kostengünstig und erfolgreich behandelt werden zu können (Thornicroft et al. 1991).

9.5 Vergleich medikamentöser und verhaltenstherapeutischer Behandlung

(s.a. Kap. 8.3)

Schon in den 70er Jahren gab es Therapieerfolge mit dem Trizyklikum Clomipramin (Lopez-Ibor 1968). Doch erst seit genauerem Bekanntwerden ätiologischer Faktoren und psychopharmakologischer Wirkmechanismen ist eine differenzierte Psychopharmakotherapie bei Zwangsstörungen möglich.

Seit Ende der 70er Jahre liegen zahlreiche Studien über die Effektivität von Clomipramin oder anderen Antidepressiva im Vergleich zu verhaltenstherapeutischen Maßnahmen (meist Exposition in Kombination mit Reaktionsverhinderung) vor (Abel 1993). In einer Übersichtsarbeit konnte Abel (1993) zeigen, daß ERP bei der Behandlung von Zwangsritualen effektiver ist als Clomipramin. Clomipramin scheint hingegen wirksamer bei der Behandlung von reinen Zwangsgedanken und von Patienten mit gleichzeitiger Depression zu sein. In einer Meta-Analyse unter Einbezug von 71 Studien (veröffentlicht zwischen 1961 und 1984) verglichen Christensen et al. (1987) die Effektivität verschiedener Behandlungsansätze bei Zwangspatienten miteinander. Sowohl medikamentöse Behandlung mit trizyklischen Antidepressive als auch Expositionstherapie erwiesen sich anderen Behandlungsansätzen gegenüber als effektiver, im Vergleich untereinander zeigten sich aber keine signifikanten Unterschiede in der Effektivität. Die Ergebnisse beziehen sich allerdings nur auf Prä- und Post-Vergleiche. Während einige Verhaltenstherapiestudien Follow-up-Ergebnisse beinhalten, die sich nicht signifikant von den Post-Testergebnissen unterscheiden, gibt es wenige Studien, die sich mit der Aufrechterhaltung des Therapieerfolges nach dem Absetzen der Medikamente beschäftigen. In einer 6-Jahres-Follow-up-Studie (O'Sullivan et al. 1991) nach einer Behandlung mit Expositionstraining und Plazebo oder mit Expositionstraining und Clomipramin hatte weder die Gabe von Plazebos noch die Gabe von Clomipramin einen Einfluß auf den Langzeiterfolg. Interessant ist dabei, daß die Gruppe mit der kombinierten Behandlung besser abschnitt, solange die Medikamente gegeben wurden. Auch Marks et al. (1988) fanden keinen zusätzlichen Effekt bei der Gabe von Clomipramin zu Expositionstraining in einem 1-Jahres-Follow-up.

Verschiedentlich wird berichtet, daß nur Psychopharmaka, die ausreichend selektiv die Serotonin-Wiederaufnahme hemmen, therapeutisch erfolgreich bei Zwangsstörungen sind, diese kamen in den letzten Jahren vermehrt zum Einsatz. Die Plazebowirkung ist eher gering: weniger als 10%. Die Besserungsraten für verschiedene SSRI liegen um die 60%. In der Regel sind hohe Dosen erforderlich (s. Kap. 8). Neben adäquater Dosierung ist eine ausreichend lange Behandlungsdauer notwendig (Osterheider 1995) (s. auch Kap. 8). Volk (1995) faßt den Stand der derzeitigen Forschung zur Pharmakotherapie von Zwangsstörungen dahingehend zusammen, daß es nach Absetzen von SSRI bei einem großen Teil der Patienten zu einer Verschlechterung der Zwangssymptomatik kommt. Aus den Ergebnissen leitet sich ab, daß eine erfolgreiche Behandlung lange weitergeführt werden muß und Absetzversuche nur langsam und in kleinen Schritten erfolgen sollten.

Plazebokontrollierte Vergleichsstudien medikamentös-verhaltenstherapeutischer Behandlung von Zwangsstörungen

Die Interpretation der Befunde der wenigen vorliegenden kontrollierten Studien (Marks et al. 1980; Cottraux et al. 1990) ist schwierig, da die relativen Wirkungsanteile der beiden Behandlungskomponenten, insbesondere hinsichtlich ihrer Langzeiteffekte konfundiert sind. Weitere Probleme für die Interpretation der Ergebnisse ergeben sich aus der in den einzelnen Studien unterschiedlich angewandten Verhaltenstherapie und der unterschiedlichen Dauer bzw. Zeitpunkte der medikamentösen Behandlung.

Marks et al. (1988) berichten eine signifikante Überlegenheit der kombinierten 8wöchigen Behandlung von Clomipramin (121–157 mg/die) mit Verhaltenstherapie im Vergleich zu Verhaltenstherapie plus Plazebo.

Die Ergebnisse **unkontrollierter** Untersuchungen (Foa u. Kozak 1996) deuten drei Schlußfolgerungen an:

- Patienten zeigen unmittelbar nach einer adäquaten, aber zeitlich (z.B. 3 Wochen) befristeten Verhaltenstherapie (Exposition und Reaktionsverhinderung) eine deutlichere Besserung der Zwangssymptome (Y-BOCS) als Patienten nach 10wöchiger Behandlung mit einem SSRI (Clomipramin oder Fluoxetin).
- Die Responder-Raten (mindestens 30% Symptomreduktion Y-BOCS) sind bei den mit Verhaltenstherapie behandelten Patienten höher als bei den mit SSRI behandelten. Zum Follow-up-Zeitpunkt (6–43 Monate, im Mittel 16,1 Monate) ist die gegenüber der Behandlung mit SSRI überlegene Wirksamkeit von Verhaltenstherapie nicht mehr nachzuweisen. Ein Problem scheint jedoch zusätzlich zu bestehen:
- Die kurzzeitige Wirkungsüberlegenheit von Verhaltenstherapie und langfristige Wirkungsgleichheit beider Behandlungsformen hängt möglicherweise mit einem Selektionseffekt zusammen: Patienten, die noch zum Follow-up-Zeitpunkt medikamentös behandelt wurden, haben schon von Anfang an gut auf die Medikation angesprochen (und wurden somit länger und kontinuierlich behandelt), dahingegen ist die Behandlungsdauer der Verhaltenstherapie-Gruppe zu kurz, um längerfristig wirkungsstabil zu sein.

Abschließend scheinen multimodale verhaltenstherapeutische Behandlungskonzepte (s. Kap. 10), Exposition und Reaktionsverhinderung sowie serotonerge Antidepressiva-Behandlung (s. Kap. 8) wichtige Bestandteile bei der Behandlung von Zwangsstörungen zu sein. Sowohl die Verhaltenstherapie als auch die Psychopharmakotherapie erweisen sich bei bestimmten Symptomen und Patienten als effektiv. Patienten, bei denen eine Verhaltenstherapie aufgrund der psychosozialen Versorgungsstruktur nicht möglich ist, die eine verhaltenstherapeutische Behandlung ablehnen oder nicht davon profitieren, kann eine medikamentöse Behandlung angeboten werden. Patienten, die eine Behandlungsform verweigern, kann jeweils die andere als Alternative angeboten werden. Die kombinierte Behandlung (VT + SSRI) scheint bei Zwangsstörungen mit gleichzeitiger Existenz von anderen Problemen (z.B. Depressionen) sowie bei besonders schweren Zwangsstörungen, die eine schnelle Verringerung der Zwangsrituale erfordern, das erfolgversprechendste Vorgehen zur Besserung der Zwangsproblematik zu sein.

10 Praxis des Reizkonfrontations-trainings bei Zwangsstörungen

Walter Hauke

Zusammenfassung

- Flooding ist ein sehr wirksames VT-Verfahren.
- Flooding setzt eine tragfähige therapeutische Beziehung voraus.
- Vor Flooding-Durchführung ist ein schriftlicher Therapievertrag obligat.
- Flooding kann und soll neben der Entkopplung der S-R-Verbindung zu durchgreifender emotionaler Selbstexploration und Emotionsverarbeitung führen.
- Für ein maximal erfolgreiches Flooding ist seine Ausdehnung auf die häusliche Umgebung des Patienten unverzichtbar.

10.1 Anfangsphase der Therapie

Eine gründliche Einführung des Patienten in die Prinzipien der Therapie – ambulant oder stationär – sollte in jedem Fall erfolgen, und dies bedeutet immer auch Vorbereitung auf ihr zentrales Element, nämlich die Reizkonfrontation. Dies sorgsam zu tun, sollte Anliegen jedes Therapeuten sein, da es die Erfolgswahrscheinlichkeit erhöht und Abbrüche verhindert. Es sei daran erinnert, daß viele Zwangspatienten mit ambivalenter Therapiemotivation zur Behandlung erscheinen (Reinecker 1994). Als wichtig haben sich die im folgenden beschriebenen Faktoren erwiesen:

Modellvermittlung und formale Zustimmung zum Flooding

Dem Patienten muß im Rahmen der Vorgespräche vor Antritt der Therapie unbedingt mitgeteilt werden, daß die Reizexposition unverzichtbar sein wird, wenn er Erfolg haben will. Schwierigkeiten und Anstrengungen eines solchen Verfahrens sollten ihm ohne Beschönigung mitgeteilt werden. Da dies einerseits einen motivierenden, andererseits natürlich auch einen gewissen abschreckenden Effekt hat, sollte dem Patienten auf alle Fälle ein Störungsmodell vermittelt werden, welches ihm die Notwendigkeit eines Flooding begreifbar macht. Es empfiehlt sich, hierfür eine einfache Darstellung des Modells von Mowrer (s. Kap. 5) zu verwenden, wobei vor allem zwei Punkte herauszuarbeiten sind, nämlich

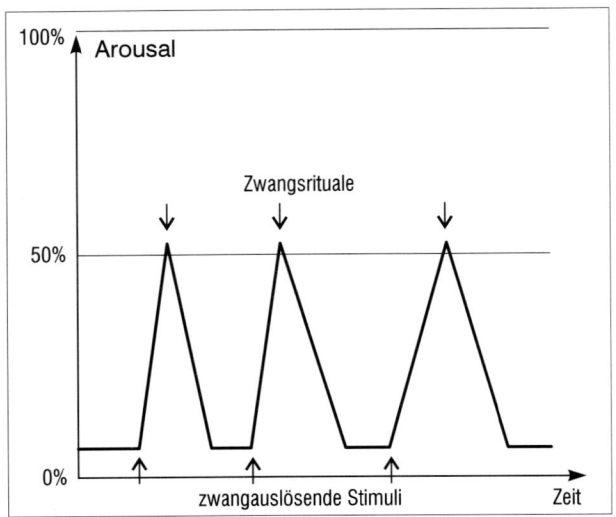

Abb. 10.1 „Ich möchte Ihnen veranschaulichen, was üblicherweise bei Zwängen vor sich geht. Sie geraten in eine aus der Sicht des Zwangs schwierige Situation, sehen z.B. eine von vielen Personen benutzte Türklinke. Ihre Anspannung steigt bis in einen mittleren Bereich, sagen wir bis auf 50%. Sie waschen sich daraufhin mehrfach die Hände, bis sie wieder absinkt. In Ihrem Denken speichern sie also die Erfahrung ‚Wenn es mir schlecht geht und ich aufgeregt bin, dann muß ich Zwänge ausführen, und es wird mir wieder besser gehen'. Wir möchten Sie nun im Laufe der Behandlung von diesem Schema wegbringen und Ihnen eine Methode vorschlagen, in welcher mit Ihrer Anspannung anders umgegangen wird."

- die Abhängigkeit der Zwangsrituale vom vorausgehenden Arousal R1 (s. Kap. 6)
- die Verstärkerwirkung des Vermeidungsverhaltens, welche dazu führt, daß sich Zwänge im Laufe der Jahre immer weiter verschlimmern.

Da viele Patienten mit abstrakten Erklärungen Probleme haben, kann der Sachverhalt auch gut mit Hilfe von Verlaufskurven des Arousal bebildert werden. Man demonstriert dem Patienten zunächst einmal den für Zwangsrituale typischen Aurousalverlauf mit folgender Kurve (Abb. 10.1, 10.2) und gibt sinngemäß die entsprechenden Erläuterungen.

Nach diesen Erklärungen empfiehlt es sich, dem Patienten auf Wunsch nochmals eine Bedenkfrist einzuräumen, ob er dieses Procedere auf sich nehmen will und bereit ist, dem Therapeuten seine Zustimmung zur Reizexposition vor Antritt der Behandlung auch schriftlich zu erteilen, was erfahrungsgemäß einen besonders verpflichtenden Charakter hat.

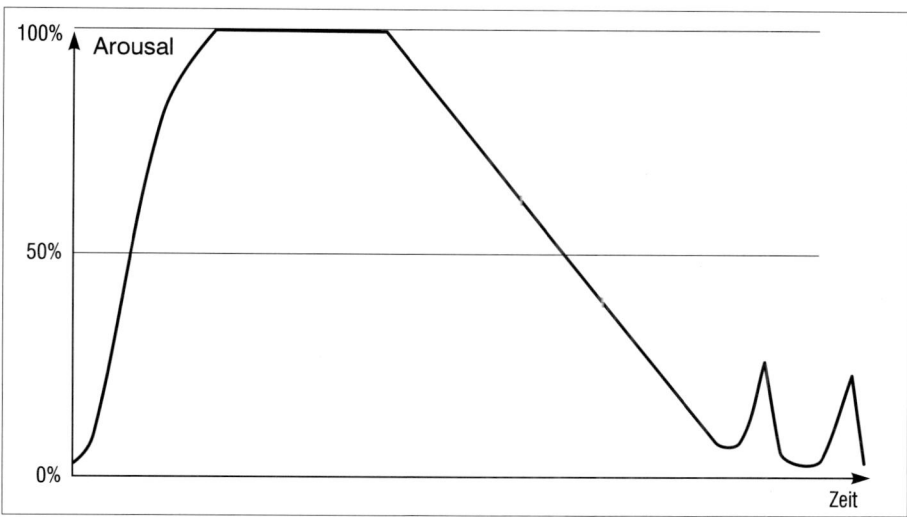

Abb. 10.2 „Diese Kurve symbolisiert den Anspannungsverlauf im Flooding: Nachdem Sie sich mit der Behandlungsumgebung vertraut gemacht haben, bringen wir Sie in Situationen, in welchen sich Ihre Anspannung schnell bis zu einem Maximum steigert, welches nicht mehr erhöhbar ist. Sie müssen also nicht befürchten, daß Ihre Aufregung unendlich weiter steigen wird. Auf diesem Gipfel der Anspannung ist es wichtig, daß Sie keinerlei Zwangsrituale ausführen, damit Sie die Erfahrung machen können, daß die Anspannung nach einiger Zeit von selbst wieder nach unten gehen wird. Dies alles wird für Sie natürlich nicht ganz einfach auszuhalten sein, weil es eine große Umgewöhnung gegenüber ihrem bisherigen Verhalten darstellt. Ihr Therapeut wird Ihnen aber zur Seite stehen und mit Ihnen diese schwierige Phase durchhalten."

Topographie des Zwangsverhaltens

Die Reizexposition muß sich naturgemäß auf alle wichtigen Teilgebiete des Zwangs richten. Ausdrücklich muß davor gewarnt werden, sich nur auf ein Top-Item zu konzentrieren, in der Annahme, daß dies auch in allen als minder schwierig eingestuften Nachbargebieten die kritischen Stimulus-Response-Verbindungen lösen würde. Das Gegenteil ist meist der Fall: Es kommt zu Verschiebungsphänomenen, d.h. einzelne „Neben"-Rituale rücken nach intensiver Beübung des Top-Item (also der schwierigsten Einzelsituation) an dessen Stelle. Eine gut durchgeführte Reizexposition muß also als Breitband-Verfahren angelegt sein, und dazu ist es zunächst einmal notwendig, alle kritischen Bereiche zu erfassen. Die Hilfsmittel hierfür sind in Kapitel 7 beschrieben worden.

Das oben erwähnte Selbstbeobachtungsprotokoll (Kap. 7) soll Patienten mit Zwangssyndromen dazu anhalten, ihre Introspektionsfähigkeit allmählich im Sinne des S-O-R-C-K-Schemas (Kanfer et al. 1996) zu differenzieren, also Abhängigkeiten des Zwangsverhaltens von vorausgehenden Reizen und nachfolgenden Bedingungen zu erkennen. Diese Aufgabe ist erfahrungsgemäß nicht einfach, da die Betroffenen insbesondere emotionale Verhaltensbestandteile nur mühsam erkennen und diesbezüglich häufige Nachfragen und Ermutigungen des Therapeuten benötigen. Das Protokoll sollte mindestens für 2 Wochen gegeben werden, bei hartnäckigen Zuordnungsproblemen mindestens bis zum Ende der 1. Woche des Flooding.

Etablierung einer tragfähigen therapeutischen Beziehung

Dies ist ein Feld besonderer Herausforderung für den Therapeuten, weil die Durchführung eines Expositionstrainings für den Patienten eine Härte darstellt, bei der er sehr intensive Unterstützung seines Therapeuten benötigt. Andererseits präsentieren sich Patienten mit Zwangssyndromen in der Kontaktaufnahme oft als rigide, unemotional, eher abweisend, kurzum „nicht einladend". Wichtig ist, daß sich der Therapeut davon nicht abschrecken läßt und sich klarmacht, daß der Patient ja auch bezüglich des Ausdrucks von Verzweiflung und Hoffnungslosigkeit, welche er hinter dieser Fassade verbirgt, eingeschränkt ist und somit der besonderen Empathie seines Behandlers bedarf.

Als weitere Schwierigkeit kommt hier das Problem des Perspektiventransfers bezüglich der internen Abläufe des Zwangs hinzu. Der Patient hat im Verlauf einer meist längeren Krankheitsgeschichte ein eigenes Bezugssystem zu seiner Umwelt entwickelt, in welches sich der Therapeut erst hineinversetzen muß; es ist wichtig für ihn, sich immer wieder klarzumachen, daß sein Patient und er viele Situationen unterschiedlich erleben.

Darüber hinaus ist es ein besonderes Problem, daß der Therapeut bei der Behandlung von Zwangssymptomen vielfach ein hohes Ausmaß von Ambivalenz akzeptieren muß, ohne ärgerlich zu werden. Oben wurde bereits ausgeführt, daß viele Patienten durch die verstärkenden Aspekte ihrer Symptomatik Gründe haben, einer belastenden Behandlung skeptisch gegenüberzustehen. Der Therapeut muß sich dies immer vergegenwärtigen, ohne den Patienten zu drängen. Er fährt erfahrungsgemäß gut damit, den Patienten sozusagen aus zwei Hälften bestehend zu begreifen – aus der gesunden Person einerseits und dem Zwangsgeschehen andererseits. Er sollte seinen Patienten deshalb niemals drängen, sondern ihn unterstützen, selbst Entscheidungen zu finden, wie der gesunde Anteil gegen das Zwangssymptom vorgehen will. Dies ist bereits in der Vorbereitungsphase des Flooding wichtig, noch wichtiger aber bei dessen Durchführung, z.B. wenn der Patient zögert, besonders schwierige Einzelübungen auszuführen.

Schließlich sei betont, daß all dies Zeit braucht; Patient und Therapeut müssen sich erst kennenlernen, um zu einer guten Zusammenarbeit zu kommen. Expositionsdurchführung ist also nichts für den Therapieanfang! Die zeitliche Plazierung von Therapiebausteinen bei Zwangssyndromen im Rahmen eines multimodalen Therapieansatzes ist bereits an anderer Stelle dargestellt worden (Hauke 1994).

10.2 Expositionsverfahren

Vertragsgestaltung

Es hat sich seit langem ausgesprochen gut bewährt, den Übungsablauf bei der Reizkonfrontation vorab schriftlich zu fixieren und den Patienten sein ausdrückliches Einverständnis per Unterschrift geben zu lassen. Unklarheiten und Vermeidungsverhalten können so weitgehend ausgeschaltet werden.

Solche Expositionsverträge abzufassen ist nicht ganz einfach. Sie müssen einerseits klar und präzise sein, andererseits führen Patienten mit Zwangsstörungen den Therapeuten oft in Versuchung, alles und jedes bis ins Detail regeln zu wollen. Hieraus folgt unter anderem, daß der Vertrag unbedingt mit dem Patienten zusammen entworfen werden muß – nur so kommt die notwendige exakte Anpassung an den Einzelfall zustande, und nur so gewinnt der Therapeut ein zutreffendes Bild von der Motivationslage. Patienten mit ambivalenter Motivation neigen zum Feilschen um Details des Flooding, womit diesem die letzte Schärfe genommen werden soll. Beispielsweise fragt ein Waschzwangspatient mit Ängsten vor Türklinken, die er nun berühren soll, ob er dies mit einem Finger anstatt der ganzen Handfläche tun darf; auf die Auskunft des Therapeuten, daß natürlich letzteres notwendig ist, fragt er weiter, ob er denn wenigstens ein Papiertaschentuch in den Händen halten dürfe etc. Gegenüber solchen Patienten empfiehlt sich der wiederholte Hinweis, daß für die Durchführung des Flooding nicht nur der Buchstabe, sondern in Zweifelsfällen vor allem der Geist des Vertrages gültig ist.

Wir werden nun einen Floodingkontrakt im Detail vorstellen (s.S. 92), welcher die Problematik von Waschzwängen behandelt. Obwohl dieser Vertragsentwurf viele allgemein gültige Aspekte aufgreift, darf er *keinesfalls unverändert* auf den jeweiligen Einzelfall übertragen werden, da jede Zwangssymptomatik individuelle Aspekte enthält.

Erläuterungen zum Floodingvertrag

Ad 1: Es hat sich klinisch bewährt, die Verträge in der Ich-Form abzufassen – die Eigenverantwortung des Patienten für seine Konfrontation mit dem Symptom wird ebenso hervorgehoben, wie die Zweiteilung in ein „eigentliches Selbst" und „das Symptom".

Ad 2: Die Expositionsdauer von 14 Tagen ist bei den meisten Zwangssyndromen von mittlerem bis schwerem Ausprägungsgrad angemessen. Zwar sinkt die Symptomstärke (gemessen mit der Y-BOCS) bereits nach 3 bis 4 Tagen drastisch ab, aber die Befestigung des neuen Verhaltens, welches ja ein altes mit oft jahrzehntelanger Chronizität ersetzt, erfordert eine gewisse Trainingsphase.

Ad 3: Die nach den 14 Tagen erfolgende formale Einrichtung eines Erhaltungsvertrags, der faktisch nichts anderes darstellt, als die Etablierung besonders schwierig empfundener Einzelübungen als Daueraufgabe, macht unmißverständlich klar, daß das gewohnte Zwangssystem endgültig der Vergangenheit angehören wird.

Floodingvertrag (Waschzwang)

Gegen meine Zwänge werde ich[1] in den nächsten 2 Wochen[2] das im folgenden beschriebene Flooding durchführen. Anschließend werden Teile dieses Vertrags in einen Erhaltungsvertrag[3] ohne zeitliche Befristung aufgenommen.

1. Ich verzichte während der gesamten Zeit auf Waschen[4] und Reinigungshandlungen aller Art (inkl. Gebrauch von Deos, Parfüm etc.). Ausnahmen bedürfen der Zustimmung des Therapeuten.

2. Ich werde in diesen zwei Wochen mit je zwei Garnituren Wäsche und Unterwäsche auskommen; Zahnpflege erfolgt mit medizinischem Kaugummi oder mit Zähneputzen unter Aufsicht (nicht länger als 4 Minuten).

3. Falls zwischenzeitlich Duschen aus hygienischen Gründen erforderlich sein sollte, erfolgt es nach Anmeldung und unter Aufsicht mit maximal 10 Minuten Dauer (inkl. Haarewaschen 15 Min. Gesamtdauer). Anschließend „Verschmutzungsübung".

4. Vor dem Benutzen der Toilette[5] informiere ich den zuständigen Cotherapeuten, und das anschließende Händewaschen unter seiner Aufsicht darf eine Minute nicht überschreiten. Sofort danach führe ich eine „Verschmutzungsübung" durch. Diese besteht darin, daß ich die Hände (für $1/2$ Minute) auf den Fußboden drücke und dann anschließend mein Gesicht, meine Haare und meine Kleidung berühre. Außer nach der Toilettenbenutzung wird diese Übung mindestens 3 mal täglich durchgeführt; mindestens 1 mal werden dabei auch der ganze Inhalt meines Kleiderschranks sowie mein Bett und die Gegenstände auf meinem Schreibtisch berührt.[6]

5. Bei der Versorgung meiner Wäsche[7] verzichte ich auf jede unübliche Vorsorgebehandlung (z.B. Abwischen der Waschmaschine). Direkt davor – und auch vor dem Bügeln – führe ich eine „Verschmutzungsübung" durch.

6. Ich unternehme mindestens jeden 2. Tag eine Aktivität außerhalb des Klinikbereichs, davon 3 mal in der Stadt. Ziel ist der direkte körperliche Kontakt mit Orten, die von vielen anderen Personen berührt worden sind[8] Als tägliches Übungsprogramm berühre ich Klinken von Hauseingangstüren, Treppengeländer usw. mindestens 2 mal am Tag.

7. Am Floodingende unternehme ich mit meinem Therapeuten einen Besuch in meiner Wohnung. Dort führe ich alle Aktivitäten durch, bei welchen mein Zwang mich bisher behindert hat, wobei ich mich am Normalstandard (...) orientiere[9].

8. Um die im Flooding üblicherweise aufkommende Angst und Unruhe zu bewältigen, kann ich mich bei Bedarf an das therapeutische Team bzw. an die Diensthabenden wenden[10].

9. Eventuell nötige Ergänzungen können im nachhinein in diesen Vertrag aufgenommen werden.

Datum, Unterschrift des Patienten

(Die Punkte 1, 2 und 3 gelten übrigens nicht nur für Waschzwänge, sondern allgemein für alle Zwangserkrankungen, bei welchen ein Flooding durchgeführt wird!)

Ad 4: Hier wird nun deutlich, daß die Reaktionsverhinderung auf die denkbar radikalste Art erfolgt, nämlich durch den Wegfall jeglichen Waschens! Warum ist eine so massive Maßnahme erforderlich? In der Vergangenheit (Kallinke et al. 1979) hat es viele Versuche mit milderen Regimes gegeben, diese haben sich aber nicht bewährt: Bei Regelungen mit größerem Intervall von Reinigungshandlungen (z.B. alle 2 Tage Duschen) zeigte sich, daß sich viele Patienten kognitiv von „Waschinsel" zu „Waschinsel" zu retten suchten, wodurch die kritische S-R-Verbindung (Stimulus-Reaktions-Verbindung) zwischen Arousal und Ritualen nicht aufgebrochen, sondern im Sinne einer Intervallverstärkung eher gefestigt wurde. Viele Patienten zeigen zusätzlich die schon oben erwähnte Fähigkeit zur Verschiebung des Zwangs auf andere Rituale. Deshalb regelt dieser Absatz auch den Einsatz von Substanzen wie Parfüms etc., die im weitesten Sinn als reinigend empfunden werden könnten; denselben Sinn haben das Kontigentieren von Unterwäsche-Garnituren und die zeitliche Begrenzung des Zähneputzens, welches als Vehikel einer Verschiebung plötzlich durchaus 1 Stunde dauern könnte. Es wird auch festgelegt, wie das aus objektiven hygienischen Gründen nötige Duschen zu erfolgen hat, nämlich nach Entscheid des Therapeuten in maximaler Kürze und vom Patienten im voraus nicht fest einzuplanen, und vor allem mit anschließender Neukontaminierung.

Ad 5: Ein besonders kritisches Gebiet für Waschzwangspatienten stellt die Toilettenbenutzung dar. Eigene Körperausscheidungen gelten vielen von ihnen als das Top-Item überhaupt, und stundenlange Säuberungsprozeduren sind die häufige Folge. Toilettenbenutzung kann also nur mit Anmeldung, zeitlicher Limitierung und unter Aufsicht eines (Co-)Therapeuten erfolgen.

Ad 6: Nachdem sichergestellt ist, daß maximale Response-Prevention erfolgt, muß auch die Exposition operationalisiert werden: Ziel ist es, die ganze Umgebung des Patienten und ihn selbst mit jener imaginierten „Verseuchung" zu überziehen, welche er bisher ängstlich gemieden hat, seien es Schmutz, Bakterien, mysteriöse „Teilchen" oder anderes. Berührt er nun – wie in unserem Beispiel beschrieben – den Fußboden, so sollte sichergestellt sein, daß dies immer verschiedene Stellen sind, um ein Maximum an Kontakt mit der bedrohlichen Außenwelt zu realisieren. Das anschließende genau vorgegebene Berühren des Körpers, der eigenen Kleidung und der persönlichen Gegenstände hebt die pathologisch aufrechterhaltene Distanz zur Umwelt auf.

Ad 7: Ähnlich vorausschauend muß mit dem Thema Wäschepflege verfahren werden: Waschzwangspatienten neigen dazu, ihre Wäschevorräte übertrieben steril zu behandeln und auch das Wäschewaschen in ritualisierter Form vorzunehmen, damit ihre Kleidungsstücke keinen Kontakt mit denen anderer Personen haben.

Ad 8: Da die Verhaltensanalyse üblicherweise nahelegt, daß diese Kontaktvermeidung auf bestimmten Kommunikationsdefiziten des Patienten beruht, muß auch sichergestellt werden, daß der Patient sozialen Kontakt im Flooding herstellt; Punkt 6 zeigt eine typische Regelung hierfür.

Ad 9: Hier wird allgemein das Hometraining (eingedeutschte Bezeichnung für Flooding-Maßnahmen im häuslichen Umfeld) angesprochen; die leere Klammer nach dem Wort „Normalstandard" wird mit einer ganzen Reihe von für den Einzelfall relevanten häuslichen Übungen gefüllt.

Ad 10: Bei einem lege artis durchgeführten Expositionstraining kommt es je nach Störungsstärke in der Regel zu heftiger innerer Unruhe, die allerdings nur selten angsttypische physiologische Begleitreaktionen wie Pulsbeschleunigung, Schwitzen etc. umfaßt. Dennoch erleben die Patienten diesen Zustand als sehr unangenehm, und es ist eine der wichtigsten Regeln bei einem Expositionstraining, daß der Patient dann seinen Therapeuten erreichen kann. Im stationären Setting – auf welches wir uns hier immer primär beziehen – ist dies relativ einfach; im ambulanten Bereich ist es naturgemäß problematischer, muß aber prinzipiell gewährleistet sein (z.B. wenigstens telefonische Erreichbarkeit etc.)!

10.3 Expositionsdurchführung (ERM)

In Anlehnung an die Argumentation von Hand (1992, 1994) halten wir den für das bei Zwängen gebräuchliche Reizexpositionstraining üblichen Begriff „exposure and response prevention" für erläuterungsbedürftig. Von den in der Literatur beschriebenen Varianten des Reizkonfrontationstrainings sind unserer Auffassung nach diejenigen nicht optimal, welche eine Löschung des Gesamtreaktionskomplexes (bestehend aus motorischen, kognitiven, emotionalen und physiologischen Anteilen) allein durch die Expositionszeit erwarten, ohne dem Patienten irgendeine Form von Unterstützung zu gewähren. Vorzuziehen sind jene Methoden, bei welchen der Patient angehalten wird, motorische oder kognitive Vermeidungsreaktionen zu unterlassen, um damit eine maximale Intensivierung der emotionalen und psychophysiologischen Reaktionsanteile zu erzielen (z.B. das Auftreten starker Aggression oder Trauer), mit der Absicht, daß dann der Therapeut direkt unterstützend eingreifen kann. Für diese Vorgehensweise haben Hand et al. (1994) die Bezeichnung **Expositions-Reaktions-Management (ERM)** vorgeschlagen – ein Ausdruck, der unserer Auffassung nach die (erwünschte) klinische Realität optimal beschreibt und für dessen endgültige Etablierung auch wir eintreten.

An formalen Voraussetzungen für ein solches Training ist zunächst einmal nötig, daß es in einer ruhigen, ungestörten Atmosphäre stattfinden muß; der Patient muß das Gefühl haben, wirklich aufgehoben zu sein und daß genug Zeit für ihn zur Verfügung steht. Jede Störung von außen durch andere Personen beim ERM ist unerwünscht und würde ein aufwendiges Neuarrangement erforderlich machen. Optimal ist es, wenn der Therapeut durch einen cotherapeutischen Helfer unterstützt werden kann. Dies heißt übrigens auf keinen Fall, daß der Therapeut das Expositionstraining wegdelegieren darf! Aus den eben gemachten Ausführungen geht ja gerade hervor, daß er sich damit den Zugang zu höchst wichtigen Informationen versperren würde, und andererseits ist der Patient beim Durchleben der im ERM bewußtwerdenden Inhalte ganz sicherlich auf die kompetente Unterstützung seines Therapeuten angewiesen. Therapeut und Cotherapeut sollten darauf eingestellt sein, daß üblicherweise der ersten Sitzung die größte Wichtigkeit zukommt und diese auch am längsten dauert. Zu Sitzungsbeginn empfiehlt es sich, dem Patienten nochmals genau zu sagen, was nun geübt werden soll. Er sollte zu Anfang und auch gehäuft während des Trainings gefragt werden, wie er sein Arousal auf einer subjektiven Skala einschätzt – bewährt hat sich nach unserer Auffassung eine sechsteilige Skala analog den Schulnoten. Diese Rückmeldung ist sehr wichtig, um beurteilen zu können, wie weit der Prozeß der Lösung der kritischen S-R-Verbindungen schon fortgeschritten ist. Der Patient beginnt nach diesen Klärungen mit den für ihn kritischen Übungen, wie sie im Floodingvertrag (s.o.) festgelegt sind, d.h. er selbst arrangiert Stimuluskonfigurationen, welche bei ihm maximales Arousal auslösen, und er unterläßt – gestützt durch die Anwesenheit seiner Betreuer – jegliche Form seiner früheren Zwangsrituale. Die Betonung liegt darauf, daß der Patient selbst diese veränderten Reizbedingungen herstellt. Niemals darf der Therapeut dies für ihn tun, da dies weniger wirksam wäre.

Wir wollen nun die praktische Durchführung bei einem Patienten vorstellen, in dessen Problematik Wasch- und Kontrollzwangselemente vermischt sind.

Fallbeispiel 1 (s. auch Kap. 2)

1. Sitzung

Therapeut und Cotherapeut gehen mit dem Patienten auf sein Klinikzimmer. Nach dem nochmaligen Durchsprechen der anstehenden Übungen gibt der Patient auf der Arousal-Skala (1–6/min–max) eine Ausprägung von 3, also leichte bis mittlere Erregung an. Gemäß seinem Vertrag bringt Herr E. nun die peinlich exakte Ordnung seines Zimmers durcheinander, er wirft Zeitschriften unachtsam auf den Schreibtisch und auf den Fußboden, er verteilt die vorher exakt gestapelten CDs achtlos auf einem Sideboard. Die Nachfrage, inwiefern sich seine Spannung ändert, ergibt eine 4. Dies ändert sich auch nach der nächsten Übung nicht, dem „schlampigen" Arrangieren von Toilettenartikeln im Bad. Der Patient läßt die so getroffenen Anordnungen nach jeder Handlung längere Zeit auf sich wirken, wird von seinem Therapeuten aufgefordert, sich alle Einzelheiten klarzumachen, die er eben ausgeführt hat. Es ist noch wichtig, darauf hinzuweisen, daß dieser Patient bei der Hierarchieerstellung kein ausgesprochenes Top-Item angeben konnte; er schätzte alle ihm aufgezählten Übungen als in etwa gleich problematisch ein, u.a. auch, die äußerst exakte Ordnung im Kleiderschrank zu verändern. Er hängt also Hemden und Hosen durcheinander, krempelt die exakt geordneten Unterwäschestapel um und wirft einige saubere Kleidungsstücke auf den Schrankboden. Wieder wird er aufgefordert, die angerichtete Unordnung genau zu betrachten und ihr nachzuspüren. Unmittelbar darauf wird beim

Patienten heftige Bewegung sichtbar, er gibt sein Arousal mit dem Maximum von 6 an und beginnt zu weinen. Nach einiger Zeit wird er vom Therapeuten gefragt, was er empfindet. „Eine unerträgliche Spannung", ist die Antwort. „Wie würden Sie dieses Gefühl bezeichnen?" Der Patient zögert einen Moment und sagt: „Es ist Wut" und beginnt daraufhin wieder zu weinen. Auf die Nachfrage „Woher kennen Sie genau dieses Gefühl?" berichtet der Patient von Erinnerungen an eine Szene, die er mit 11 Jahren erlebte und in der der Vater die Mutter geschlagen hatte (der Patient zeigt übrigens seit dieser Zeit ein leichtes Stottern). Der Therapeut stellt zur Vergewisserung noch einmal die Frage: „Wenn Sie genau Ihrer Wut nachspüren, wem gilt sie?". Und der Patient antwortet: „Dem Vater." Anschließend folgt eine lange Erzählung von Vorfällen, in welchen der Vater sich kritisierend oder abweisend verhalten hatte, z.B. indem er den Patienten als Jugendlichen nirgendwohin mitzunehmen pflegte oder bei Beginn des Bauvorhabens des Patienten an jeder Kleinigkeit der Planung etwas auszusetzen hatte, etc. Diese Erzählung dauert sehr lange und erfolgt vor allem anfangs unter heftiger affektiver Beteiligung des Patienten.

Es folgt nun eine längere Gesprächspassage, in der der Therapeut behutsam die Fähigkeit zum Coping (= Management und Bewältigung) der zutage getretenen Reaktion zu etablieren sucht. Dies besteht vor allem darin,

- die aufgedeckten emotionalen Auslöser des Zwanges als etwas Legitimes zu akzeptieren, die damit verbundenen Vorstellungen und Befürchtungen zu klären (z.B. vom Vater bei offener Äußerung von Aggression verstoßen zu werden) und Möglichkeiten zu erarbeiten, wie die gefundenen Emotionen den relevanten Adressaten gegenüber ausgedrückt werden können (z.B. Rollenspielvorgabe, wie ein erster offener Dialog mit dem Vater zu führen ist),
- den Patienten zu ermutigen, das Gefühl des Verlustes über all die Dinge, die er vom Vater nicht bekommen hatte, zu akzeptieren und
- eigene Ressourcen und neue Möglichkeiten, sein Leben zu gestalten, bewußt zu machen.

Am Ende dieser Sitzung wird der Patient zum Abschluß der Übungssequenz aufgefordert, die Anfangsübungen zu wiederholen; er tut dies ohne nennenswerte Ausprägung von Arousal („es macht mir jetzt nichts mehr aus"). Die Sitzung kann nach ca. $1\frac{1}{2}$ Stunden beendet werden, und der Patient erhält den Auftrag, nach einer Pause von 2 Stunden exakt dieselben Übungen nochmals alleine auszuführen, wobei er später berichtet, daß er es fertiggebracht und die Arousal-Ausprägung dabei 2–3 nicht überschritten habe.

Der Ablauf dieser Sitzung kann als weitgehend typisch gelten, und es ist empfehlenswert, sich als Therapeut an folgenden Standardaufforderungen bzw. Standardfragen als Leitfaden zu orientieren:

- „Machen Sie sich klar, was Sie jetzt tun!": Diese Aufforderung ist nötig, um dem Patienten die Reizkonstellation, vor der er lange Zeit große Furcht empfunden hat, klar ins Bewußtsein zu rufen. Viele Patienten tendieren nämlich dazu, ihre Aufmerksamkeit von den kritischen Reizen abzuwenden, wenn es an die Übung geht („kognitive Vermeidung").
- „Was spüren Sie?": Patienten mit Zwangsstörungen antworten selten sofort mit der Benennung einer Emotion, schildern eher heftige unspezifische physiologische Effekte wie Anspannung.
- „Wie würden Sie dieses Gefühl bezeichnen?": Demzufolge muß der Therapeut meist einige Explorationsarbeit aufwenden, bis der Patient der wahrgenommenen Erregung einen Namen geben kann, in unserem Beispiel die Emotion „Wut".
- „Woher kennen Sie genau dieses Gefühl?": Die in unserem Beispiel genannte Antwort ist typisch für Zwangsstörungen: Der Patient berichtet von einer besonders traumatisierenden Szene, aber diese ist nur ein einzelnes Beispiel einer zeitlich überdauernden Konstellation bzw. Erziehungsatmosphäre. Die heftige affektive Beteiligung des Patienten beim Ansprechen dieser Dinge ist typisch für einen positiven Expositionsverlauf und ein günstiges Prognostikum: Sie ist Zeichen einer „kathartischen Entblockung" (Hand 1994).

2. Sitzung

Hat man in der ersten Sitzung eine Bearbeitung des Top-Item in der oben geschilderten Weise erreichen können, so ist der Ablauf in den Folgesitzungen generell wesentlich einfacher. Die höchste erreichte Anspannungsstärke ist dann üblicherweise geringer als in der 1. Sitzung, der Patient zeigt bereits gewisse Distanz zu seinen Symptomen. Es empfiehlt sich nun, den Übungsablauf leicht zu variieren, d.h., das Top-Item sollte zwar wieder vorkommen, aber eingebettet in einen Kontext von leicht veränderten bzw. ergänzten Aufgaben.

Wieder findet die Sitzung zusammen mit dem Therapeuten und dem Cotherapeuten statt. Die Aufgaben bestehen nun darin, Schmutz (= kleine Steinchen) auf dem Fußboden des Zimmers, bzw. dem Schreibtisch und auch im Schrank zu verteilen sowie als Außenübung das auf dem Klinikparkplatz stehende neue Fahrzeug des Patienten, welches wie aus dem Schaufenster entnommen wirkt, zu verschmutzen. Diese Übungen ergeben eine Anspannung von 2 beim Patienten, die gestrige Schrankübung ein 2–3, bei der abschließenden Verschmutzung des Fahrzeugs steigt die Anspannung auf mehr als 4, und es sind auch äußere Zeichen merklicher Erregung sichtbar. Wiederum wird mit der oben beschriebenen Explorationstechnik gearbeitet. Der Patient berichtet nachdenklich und traurig von Befürchtungen, die Zuneigung seiner Eltern zu verlieren: Es stellen sich Erinnerungen an einen Aufbruch zu einer Auslandsmontage ein, der gegenüber der Vater ablehnend eingestellt war („Du hast da niemanden") bzw. Erinnerungen an Szenen, in welchen der Vater die Mutter kritisierte, weil diese seiner Meinung nach zu häufig Unternehmungen alleine machte. Die affektive Bewegung des Patienten ist aber insgesamt gesehen weniger heftig als in der ersten Sitzung und dauert auch merklich weniger lange.

Zu einem solchen typischen Verlauf gehört auch, daß das Wiederholen der Übungen ohne Therapeuten beim Patienten zunächst noch ein mittleres Arousal hervorruft, auch wenn in den gemeinsamen Sitzungen sehr starke kathartische Affekte stattgefunden haben und die Anspannung am Ende völlig beseitigt war. Der Patient sollte auf diesen Effekt vorbereitet werden und sich zur Ermutigung beim Alleineüben vergegenwärtigen, daß er das vormals Unmögliche ja fertiggebracht hat – wenn auch zunächst mit Hilfe seiner Therapeuten.

3. bis 10. Sitzung

Hier geht es nun bei „programmgemäßem" Verlauf der Anfangssitzungen um den Gewinn von Routine, d.h. um den Aufbau von Vertrauen des Patienten in seine eigenen Fähigkeiten, das Zwangssystem zu überwinden. Der Cotherapeut führt nun im Wechsel mit dem Therapeuten die Sitzungen durch; er kann dies, weil er durch die gemeinsamen Anfangstermine Einblick in die Reaktionsweise und Hintergrundsproblematik des Patienten erhalten hat. Dieses Splitting hat manche Vorteile: die Beziehung des Patienten zu beiden Betreuern ist ja naturgemäß nicht identisch und teilweise zeigen sich wichtige Ergänzungen, vor allem in den Bereichen Widerstand leisten oder neue Ressourcen entdecken. Zum allgemeinen Übungsaufbau ist zu sagen, daß das „Programm" des Patienten stufenweise immer umfangreicher werden sollte, d.h. nachdem die gemeinschaftliche Übungssequenz mit einem therapeutischen Begleiter stattgefunden hat – günstigerweise in den Vormittagsstunden – wiederholt der Patient diese mit mindestens 1 Stunde Abstand alleine und fügt im Rest des Tages alle bislang abgelaufenen Übungen zur Wiederholung hinzu. Das Top-Item sollte auf jeden Fall täglich geübt werden. Der Patient sollte Tagebuch über seine Erlebnisse führen, die dann in der Einzeltherapie bzw. Gruppe nachbearbeitet werden können. Das Flooding kann im klinischen Bereich dann beendet werden (übrigens auch durchaus vor dem Ablauf von 14 Tagen), wenn der Patient in allen Übungsbereichen nur noch unwesentliche Skalenausprägungen zeigt, d.h. Erregungsstärke nicht mehr als 1–2 und Y-BOCS-Werte an der subklinischen Grenze. Bei schweren oder sehr schweren Störungen (Y-BOCS-Anfangswerte von 30 oder mehr), bei welchen die Patienten vor allem den Zwangsgedankenanteil aufgrund des jahrelang aufgebauten pathologischen Umweltbezugssystems nur ganz allmählich reduzieren können, sollte die Y-BOCS um mindestens die Hälfte (Hand 1994) zurückgegangen sein, um die therapeutisch unterstützte Exposition zu beenden und auf das Selbstmanagement des Patienten zu vertrauen.

10.4 Hometraining

Die Exposition im häuslichen Umfeld des Patienten ist in jedem Fall ein absolut *unverzichtbarer* Bestandteil einer Verhaltenstherapie: Was eine noch so eindrucksvolle Besserung im stationären Setting wirklich wert ist, zeigt sich erst bei diesem Abschluß des Flooding. Zur Vorbereitung ist zunächst zu sagen, daß sich der Therapeut bewußt sein sollte, daß er sich in die persönliche Sphäre des Patienten begibt und sich entsprechend respektvoll, wenn auch bestimmt in der Sache verhalten sollte. Bei schweren Zwangssyndromen sollte er auch darauf eingestellt sein, oftmals sehr sonderbar anmutende häusliche Arrangements vorzufinden, wie z.B. penibel museale Einrichtungen, andererseits absolut chaotische Zustände, Ansammlungen von Gegenständen, welche an Sperrmülldeponien erinnern etc. Vor Antritt des gemeinsamen Hausbesuchs sollte dafür gesorgt werden, daß die Angehörigen des Patienten nicht im Hause sind, um die mit den Übungen verbundene Selbstexploration des Patienten nicht zu stören; meist empfiehlt es sich, daß die Bezugspersonen gegen Ende des häuslichen Trainings zu einem abschließenden gemeinsamen Gespräch hinzukommen. Eine zeitliche Vorgabe für die Dauer des Hometrainings zu machen ist schwierig, man wird im Mittel aber davon ausgehen können, daß ein Zeitraum zwischen 3 und 4 Stunden nötig ist. Diese doch recht beachtliche Zeitspanne wird erforderlich durch den Umfang der Übungen, da häufig erst im häuslichen Ambiente Symptomprobleme offenkundig werden und die Chance besteht, den Patienten auch im Kontakt mit seiner sozialen Umwelt zu erleben (Nachbarn etc.).

Fallbeispiel 1

Herr E. hatte (beim Hometraining) die Vorgabe, alle Inhalte seines Floodingvertrages, welche er schon in der Klinik praktiziert hatte, auf sein Zuhause anzuwenden.

Sein Haus wirkt beim Betreten wie aus einer Wohnzeitschrift abfotografiert, steril, ohne jede Spur von Bewohntsein. Der Patient erzeugt nun als erstes äußere Unordnung wie in der Klinik, legt Zeitschriften achtlos auf den Tisch, hängt einige Bilder schief. Anschließend schlägt der Therapeut vor, mit dem von den Klinikübungen noch deutlich schmutzigen Auto durch den Ort zum Bäcker zu fahren und das Fahrzeug dann demonstrativ vor dem Haus des Patienten abzustellen. Das Arousal des Patienten bleibt trotz dieser ungewöhnlichen Verhaltensweisen im unteren Bereich (2–3), teilweise macht ihm die positive Reaktion der Umwelt auf sein verändertes Äußeres nach 3 Monaten Absenz Spaß (Gewichtszunahme, lässigere Frisur und Kleidung). Das anschließende gemeinsame Kaffeetrinken sorgt für eine der bei Hometrainings typischen Überraschungen: Der Patient gesteht, daß er seit Fertigstellung des Hauses immer nur in der Küche im Stehen gegessen hat, um nur ja keinen Schmutz in der Eßgruppe und im Wohnzimmer zu verursachen! Dies erfolgt nun mit der Anweisung, Kuchenbrösel und benutzte Kaffeetassen auf dem Tisch stehen zu lassen und nicht abzuspülen. Das Arousal steigt auf 4 und übertrifft damit deutlich die „Schrankübung", die gegenüber den Anfängen in der Klinik kaum noch Brisanz aufweist. Begleitemotion ist erneut die Angst vor dem Verlust der Zuneigung der Eltern, und der Patient wirkt verunsichert. Der Therapeut fragt ihn, was er nun zu tun gedenke, er sei erwachsen, jede seiner Entscheidungen würde akzeptiert. Der Patient ruft nach einer kurzen Überlegungspause seine Eltern an, lädt sie zum vereinbarten Familiengespräch ein. Er erntet beim Eintreffen der Eltern irritierte Blicke über den Zustand des Wohnzimmers, und der Vater erkundigt sich als erstes in vorwurfsvollem Ton, ob denn das Nichtmähen des Rasens seit 14 Tagen wirklich nötig gewesen wäre, mit Verweis auf die Meinung der Nachbarn. Der Patient setzt nun den Eltern auseinander, daß er sein Haus an seine Schwester abgeben und sich selbst in einem Nachbarort eine Mietwohnung nehmen wolle, da er die allzu große räumliche Nähe als belastend erleben würde. Er stößt auf vollkommenes Unverständnis, bleibt aber unbeirrbar bei seinem Vorhaben. Nach dem Weggang der Eltern schlägt der Therapeut vor, vor Antritt der Rückfahrt ein letztes Mal durch das „unordentliche" Haus zu gehen. Der Patient empfindet keinerlei Anspannung mehr.

Er wurde 14 Tage später aus der Klinik entlassen und verwirklichte seine Ablösungspläne. Die Katamnese nach 2 Jahren zeigt, abgesehen von kurzfristigen Exazerbationen der Symptomatik eine konstante Zustandsbesserung, sowohl bezüglich der Zwänge als auch in der sozialen Kompetenz und im adäquaten Freizeitverhalten. Zur Familie ist der Kontakt zwar noch regelmäßig, aber mit niedriger Frequenz und betonter Eigenständigkeit vor allem gegenüber dem Vater.

11 Praktische Hinweise

Für von Zwangsstörungen betroffene Personen existiert seit 1995 eine regional übergreifende Organisation, nämlich die Deutsche Gesellschaft Zwangserkrankungen e.V. (DGZ). Diese Organisation hat sich zum Ziel gesetzt, die Situation von Zwangserkrankten zu verbessern. Sie leistet dazu Öffentlichkeitsarbeit, unterstützt Selbsthilfegruppen, verteilt Informationsmaterial, organisiert Tagungen und Vorträge und bietet den Betroffenen auch telefonische Beratung an. Sie vermittelt insbesondere auch stationäre und ambulante Behandlungsmöglichkeiten. Die DGZ hat folgende Postanschrift:
Deutsche Gesellschaft Zwangserkrankungen e.V.
Postfach 15 45
D-49005 Osnabrück
Telefon: 0541/4096633
Fax: 0541/4096635

In Übereinstimmung mit der DGZ sind folgende Empfehlungen für Betroffene und Angehörige auszusprechen:

Betroffenen wird geraten,
- mit einem Behandlungsversuch möglichst bald zu beginnen, da Zwangssyndrome zur Chronifizierung neigen;
- nach der professionellen Therapie die Möglichkeit einer Selbsthilfegruppe in Anspruch zu nehmen, um den Therapieerfolg langfristig zu stabilisieren und Rückfallprophylaxe zu betreiben.

Angehörigen wird geraten,
- den betroffenen Angehörigen frühzeitig auf die Möglichkeiten professioneller Hilfe hinzuweisen;
- sich nicht ins Zwangssystem einbinden zu lassen, da dies auf Dauer nur die Verhältnisse verschlimmert;
- sich gemeinsam mit den Betroffenen beim Behandler einzufinden, um sich beraten zu lassen, wie im häuslichen Bereich mit dem Symptom umgegangen werden soll.

Derzeit bestehen in folgenden Städten von der DGZ unterstützte Selbsthilfegruppen, deren Anschrift bzw. Telefonnummer auch von der DGZ erfragt werden kann:

Berlin	Bielefeld	Bochum
Deggendorf	Dresden	Duisburg
Düren	Düsseldorf	Erlabrunn
Essen	Finsterwalde	Frankfurt
Freiburg	Goslar	Halle
Hamburg	Hannover	Heidelberg
Heilbronn	Herne	Hildesheim
Iserlohn	Kiel	Koblenz
Köln	Kusel	Leer
Magdeburg	Mannheim	Mühlacker
München	Münster	Nürnberg
Oldenburg	Osnabrück	Siegen
Stuttgart	Suhl	Traunstein
Ulm	Warnstadt	

Literatur

Abel IL. Exposure with response prevention and serotonergic antidepressance in the treatment of OCD: A review and implications for interdisciplinare treatment. Beh Res Ther 1993; 31: 463–78.

American Psychiatric Association. Diagnostic and Statistical Manual of Mental Disorders. 3. Edition (DSM-III). Washington DC: American Psychiatric Association 1980.

American Psychiatric Association. Diagnostic and Statistical Manual of Mental Disorders. 3. Edition revised (DSM-III-R). Washington DC: American Psychiatric Association 1987.

American Psychiatric Association. Diagnostic and Statistical Manual of Mental Disorders. 4. Edition (DSM-IV). Washington DC: American Psychiatric Press 1994

Ananth J, Pecknold JC, Van den Steen N, Engelsmann F. Double-blind comparative study of clomipramine and amitriptyline in obsessive neurosis. Prog Neuro-Psychopharmacol 1981; 5: 257–62.

Arts W, Hoogdun K, Schaap C, DeHaan E. Two patients suffering from obsessions alone differ from other obsessive-compulsives? Behav Res Ther 1993; 31: 119–23.

Asberg M, Thoren P, Bertilsson L. Clomipramine treatment of obsessive-compulsive disorder: Biochemical and clinical aspects. Psychopharmacol Bull 1982; 18: 13–21.

Balkom van AJ, v. Oppen P, Vermeulen AWA, Nauta MMC, Vorst HC, v. Dyck R. A meta-analysis on the treatment of obsessive-compulsive disorder. A comparison of antidepressants, behavior and cognitive therapy. Clin Psychology Rev 1994; 14: 359–81.

Baxter LR Jr, Schwartz JM, Bergman KS, Szuba MP, Guze BH, Mazziotta JC, Alazraki A, Selin CE, Ferng H-K, Munford P, Phelps ME. Caudate glucose metabolic rate changes with both drug and behavior therapy for obsessive-compulsive disorder. Arch Gen Psychiatry 1992; 49: 681–9.

Beech HR, Ciesielski KT, Gordon PK. Further observations on evoked potentials in obsessional patients. Brit J Psychiatry 1983; 142: 605–9.

Bisserbe JC, Lane RM, Flament MF and the Franco-Belgian OCD Study Group. A double-blind comparison of sertraline and clomipramine in outpatients with obsessive-compulsive disorder. Eur Psychiatry 1997; 12: 82–93.

Black DW, Noyes R. Comorbidity and obsessive-compulsive disorder. In: Comorbidity of mood and anxiety disorders. Maser JD, Cloninger CR (Eds.). Washington DC: American Psychiatric Press 1990.

Bleuler M. Lehrbuch der Psychiatrie. 12. Aufl. Berlin: Springer 1972.

Blier P, Bergeron R. Sequential administration of augmentation strategies in treatment-resistant obsessive-compulsive disorder. Int Clin Psychopharmacol 1996; 11: 37–44.

Boersma K, Hengst S, Bekker J, Emmelkamp PMG. Exposure and response prevention in the natural environment. A comparison with obsessive-compulsive patients. Behav Res Therap 1976; 14: 19–24.

Carey G, Gottesman II, Robins E. Prevalence rates for the neuroses: pitfalls in the evaluation of families. Psychol Med 1980; 10: 437–43.

Chouinard G, Goodman W, Greist J, Jenike M, Rasmussen S, White K, Hackett E, Gaffney M, Bick PA. Results of a double-blind placebo controlled trial of a new serotonin uptake inhibitor, sertraline, in the treatment of obsessive-compulsive disorder. Psychopharmacol Bull 1990; 26: 279–84.

Christensen H, Hadzi-Pawlovic D, Andrews G, Mattick R. Behavior therapy and tricyclic medikation in the treatment of obsessive-compulsive disorder: A quantitative review. J Consulting Clin Psychol 1987; 55: 701–11.

Cooper I. The Leyton Obsessional Inventory. Psychol Medicine 1970; 1: 48–64.

Cottraux J, Mollard E, Bouvard M. A controlled study of fluvoxamine and exposure in obsessive-compulsive disorder. Int Clin Psychopharmacol 1990; 5: 17–30.

Cottraux J, Gerard D, Cinotti L, Froment JC, Deiber MP, Le Bars D, Galy G, Millet P, Labbe C, Lavenne F, Bouvard M, Mauguiere F. A controlled positron emission tomography study of obsessive and neutral auditory stimulation in obsessive-compulsive disorder with checking rituals. Psychiatry Res 1996; 60: 101–12.

Crino RD and Andrews G. Obsessive-compulsive disorder and axis I, comorbidity. Anx Disord 1996; 10 (1): 37–46.

Deltito JA. Valproate Pretreatment for the difficult-to-treat patient with ocd. J Clin Psychiatry [letter] 1994; 55: 500.

DeSilva P, Rachman S, Seligmann M. Prepared phobias and obsessions: therapeutic outcome. Behav Res Ther 1977; 15: 65–77.

DeSilva P, Rachman S. Obsessive-compulsive disorder. The facts. New York: Oxford University Press Inc. 1992.

DeVeaugh-Geiss J, Landau P, Katz R. Preliminary results from a multicenter trial of clomipramine in obsessive-compulsive disorder. Psychopharmacol Bull 1989; 25: 36–40.

DeVeaugh-Geiss J, Katz R, Landau P et al. Clomipramine in the treatment of patients with obsessive-compulsive disorder: the clomipramine Collaborative Study Group. Arch Gen Psychiatry 1991; 48: 730–8.

Dilling H, Mombour W, Schmidt MH, Schulte-Markword E. Weltgesundheitsorganisation. Internationale Klassifikation psychischer Störungen. ICD-10, Kap. IV (F), Forschungskriterien. Bern, Göttingen, Toronto, Seattle: Huber 1994.

Douglas HM, Moffitt TE, Dar R, McGee R, Silva P. Obsessive-compulsive disorder in a birth cohort of 18-year-olds: prevalence and predictors. J Am Acad Child Adolesc Psychiatry 1995; 34: 1424–31.

Drake ME Jr, Hietter SA, Padamadan H, Bogner JE, Andrews JM, Weate S. Auditory evoked potentials in Gilles de la Tourette syndrome. Clin Electroencephalogr 1992; 23: 19–23.

Eales MJ, Layeni AO. Exacerbation of obsessive-compulsive symptoms associated with clozapine. Brit J Psychiatry 1994; 164: 687–8.

Ecker W, Dehmlow A. Der Einfluß von Persönlichkeitsstörungen auf die Verhaltenstherapie von Zwängen. Prax Klin Verhaltensmed Rehab 1994; 25: 23–31.

Ecker W, Dehmlow A. Zur prognostischen Bedeutung komorbider Persönlichkeitsstörungen in der stationären Verhaltenstherapie von Zwängen. Verhaltensther Verhaltensmod 1996; 17 (1): 9–23.

Edmonstone Y, Austin M-P, Prentice N, Dougall N, Freeman CPL, Ebmeier KP, Goodwin GM. Uptake of 99m Tc-exametazime shown by single photon emission computerized tomography in obsessive-compulsive disorder compared with major depression and normal controls. Acta Psychiatr Scand 1994; 90: 298–303.

El Mansari M, Bouchard C, Blier P. Alteration of serotonin release in the guinea pig orbito-frontal cortex by selective serotonin reuptake inhibitors. Relevance to treatment of obsessive-compulsive disorder. Neuropsychopharmacology 1995; 13: 117–27.

Emmelkamp PMG. Phobic and obsessive-compulsive disorders: Theory, research and practise. New York: Plenum Press 1982.

Emmelkamp PMG, Beens H. Cognitive therapy with obsessive-compulsive disorder. A comparative evaluation. Behav Res Ther 1991; 29: 293–300.

Emmelkamp PMG, Visser S, Hoekstra R. Cognitive therapy versus exposure in-vivo in the treatment of obsessive-compulsives. Cognitive Therapy and Research 1988; 12: 103–14.

Emmelkamp PMG, Bouman T, Scholing A. Angstphobien und Zwang. Diagnostik und Behandlung. Göttingen: Verlag für angewandte Psychologie 1993.

Erlbeck R, Gokeler R. Zwangsstörungen. Eine empirische Studie an einer klinischen Stichprobe. Bamberg: Diplomarbeit 1993.

Esquirol JED. Des Maladies Mentales. Paris: Lafayette 1834.

Fiegenbaum W. Konfrontationsverfahren. In: Grundbegriffe der Psychotherapie. Bastine et al. (Hrsg.). Weinheim: Edition Psychologie 1982.

Fiorella D, Rabin RA, Winter JC. The role of the 5-HT2A and 5-HT2C receptors in the stimulus effects of m-chlorophenyl-piperazine. Psychopharmacology Berl 1995; 119: 222–30.

Flament MF, Rapaport JL, Murphy DL, Lake CR, Berg CJ. Biochemical changes during clomipramine treatment of childhood obsessive-compulsive disorder. Arch Gen Psychiatry 1987; 44: 219–25.

Flor-Henry P, Yeudall L, Koles Z, Howarth B. Neuropsychological and power spectral EEG investigations of the obsessive-compulsive syndrome. Biol Psychiatry 1979; 14: 119–30.

Foa EB, Kozak MJ. Emotional processing of fear: exposure to corrective information. Psych Bull 1986; 99: 20–35.

Foa EB, Kozak MJ. Psychological treatment for obsessive-complulsive disorder. In: Long-term treatments of anxiety disorders. Maissakalian MR, Prien RF (eds). Washington, London: American Psychiatry Press 1996: 285–309.

Foa EB, Steketee G. Obsessive-compulsives: Conceptual issues and treatment interventions. In: Progress in behaviour modification; vol 8. Hersen M, Eisler RM, Miller PM (eds). London: Academic Press 1979: 1–53.

Foa EB, Steketee G, Milby JB. Differential effects of exposure and response prevention in obsessive-compulsive washers. J Consult Clin Psychology 1980; 48: 71–9.

Foa EB, Steketee G, Graspar JB, Turner RM, Latimer RL. Deliberate exposure and blocking of obsessive-compulsive rituals. Immediate and long-term effects. Behav Therapy 1984; 15: 450–72.

Fontaine R, Chouinard G. Fluoxetine in the treatment of obsessive-compulsive disorder. Prog Neuro-Psychopharmacol & Biol Psychiatry 1985; 9: 605–8.

Frances A, Mack AH, First MB, Widiger T, Ford S, Vetterello N, Ross R. DSM-IV and Psychiatric Epidemiology. In: Textbook in Psychiatric Epidemiology. Tsuang MT, Tohen M, Zahner GEP (eds.). New York: Wiley & Sons 1995; 273–9.

Freud S. Die Abwehr-Neuropsychosen. 1. Aufl. 1894. Frankfurt: GWI, Fischer 1968; 27.

Gardier AM, Malagié I, Trillat AC, Jacquot C, Artigas F. Role of 5-HT1a autoreceptors in the mechanism of action of serotonergic antidepressant drugs: recent findings from in vivo microdialysis studies. Fundam Clin Pharmacol 1996; 10: 16–27.

Ghaemi SN, Zarate CA, Popli AP, Pillay SS, Cole JO. Is there a relationship between Clozapine and obsessive-compulsive disorder?: A retrospektive chart review. Compr Psychiatry 1995; 36: 267–70.

Gibson EL, Barnfield AM, Curzon G. Evidence that mCPP-induced anxiety in the plus-maze is mediated by postsynaptic 5-HT2c receptors but not by sympathomimetic effects. Neuropharmacology 1994; 33: 457–65.

Goodman WK, Price LH, Rasmussen SA, Mazure C, Fleischmann RL, Hill CL, Heninger GR, Charney DS. The Yale-Brown Obsessive Compulsive Scale. I. Development, use, and reliability. Arch Gen Psychiatry 1989 a; 46: 1006–11.

Goodman WK, Price LH, Rasmussen SA, Mazure C, Delgado P, Heninger GR, Charney DS. The Yale-Brown Obsessive Compulsive Scale. II. Validity. Arch Gen Psychiatry 1989 b; 46: 1012–6.

Goodman WK, Price LH, Rasmussen SA, Delgado PL, Heninger GR, Charney DS. The efficacy of fluvoxamine in obsessive-compulsive disorder: a double-blind comparison with placebo. Arch Gen Psychiat 1989 c; 46: 36–44.

Greist J, Chouinard G, DuBoff E, Halaris A, Kim SW, Koran L, Liebowitz M, Lydiard B, Rasmussen S, White K, Sikes C. Double-blind parallel comparison of three dosages of sertraline and placebo in outpatients with obsessive-compulsive disorder. Arch Gen Psychiatry 1995 a; 52: 289–95.

Greist JH, Jefferson JW, Kobak KA, Chouinard G, Duboff E, Halaris A, Kim SW, Koran L, Liebowitz MR, Lydiard B, McElroy S, Mendels J, Rasmussen S, White K, Flicker C. A 1 year double-blind placebo-controlled fixed dose study of sertraline in the treatment of obsessive-compulsive disorder. Int Clin Psychopharmacology 1995 b;10: 57–65.

Griesinger W. Die Pathologie und Therapie der psychischen Krankheiten, 3. Aufl. Braunschweig, Wreden, Stuttgart: Krabbe 1971.

Hand I. Verhaltenstherapie der Zwangsstörungen: Therapieverfahren und Ergebnisse. In: Zwangsstörungen: Neue Forschungsergebnisse, duphar med communication. Vol. 5. Hand I, Goodman W, Evers U (Hrsg.). Berlin: Springer 1992.

Hand I. Verhaltenstherapie für Zwangskranke und deren Angehörige. In: Therapie psychiatrischer Erkrankungen. Möller HJ (Hrsg.). Stuttgart: Enke 1993: 508–28.

Hand I. Expositions-Reaktions-Management (ERM) in der strategisch-systemischen Verhaltens-therapie. Prax Klin Verhaltensmed Rehab 1994; 26.

Hand I. Ambulante Verhaltenstherapie bei Zwangsstgörungen. Fortschritt Neurol Psychiatrie 1995; 63: 12–8.

Hand I, Büttner-Westphal H. Die Yale-Brown Obsessive Compulsive Scale (Y-BOCS): Ein halb-strukturiertes Inteview zur Beurteilung des Schweregrades von Denk- und Handlungszwängen. Verhaltensther 1991; 1: 223–5.

Hanna GL, Yuwiler A, Cantwell DP. Whole blood serotonin in juvenile obsessive-compulsive disorder. Biol Psychiatry 1991; 29: 738–44.

Hauke W. Die Effektivität von multimodaler Verhaltenstherapie bei Zwangsneurosen. Prax Klin Verhaltensmed Rehab 1994; 26: 82–8.

Hegerl U, Juckel G. Intensity dependence of auditory evoked potentials as indicator of central serotonergic neurotransmission – A new hypothesis. Biol Psychiatry 1993; 33: 173–87.

Heninger GR, Delgado PL, Charney DS. The revised monoamine theory of depression: A modulatory role for monoamines, based on new findings from monoamine depletion experiments in humans. Pharmacopsychiatry 1996; 29: 2–11.

Hewlett WA. Novel pharmacological treatments of ocd. In: Obsessive-compulsive disorder-Diagnosis, Etiology, Treatment. Hollander E, Stein DJ (eds.). New York, Basel, Honk Kong: Marcel Dekker INC 1997; 161–201.

Hewlett WA, Vinogradov S, Agras S. Clomipramine, clonazepam, and clonidine treatment of obsessive-compulsive disorder. J Clin Psychopharmacol 1992;12: 420–30.

Hewlett WA, Vinogradov S, Martin K, Berman S, Csernansky JG. Fenfluramine stimulation of prolactin in obsessive-compulsive disorder. Psychiatry Res 1992; 42: 81–92.

Hodgson RJ, Rachman SJ. Obsessional-compulsive complaints. Behav Res 1997; 15: 389–395.

Hoehn-Saric R, Benkelfat C. Structural and functional brain imaging in obsessive compulsive disorder. In: Current insights in obsessive-compulsive disorder. Hollander E, Zohar J, Marazziti D, Olivier B (eds.). Chichester: John Wiley & Sons 1994; 183–211.

Hohagen F, König A, Rasche-Rauchle H, Hand I, Rey E, Aldenhoff J, Berger M. Behavior therapy and fluvoxamine versus behavior therapy and placebo: results of a multicenter study. 6th World Congress of Biological Psychiatry, Nice 1997.

Hohagen F, Lis S, Krieger S, Winkelmann G, Riemann D, Fritsch-Montero R, Rey E, Aldenhoff J, Berger M. Sleep EEG of patients with obsessive-compulsive disorder. Eur Arch Psychiatry Clin Neurosci 1994; 243: 273–8.

Hollander E, Benzaquen SD. Is there a distinct OCD-spectrum? Int J Neuropsychiatr Med 1 1996; 17–26.

Hollander E, Decaria CM, Schneier FR, Schneier HA, Leibowitz MR, Klein DF. Fenfluramine augmenation of serotonin reuptake blockade antiobsessional treatment. J Clin Psychiatry 1990; 51: 119–23.

Hollander E, Decarie CM, Nitescu A, Gully R, Suckow RF, Cooper TB, Corman JM, Klein DF, Leibowitz MR. Serotonergic function in obsessive-compulsive disorder. Behavioral and neuroendocrinic responses to oral m-chlorophenylpiperazine and fenfluramine in patients and healthy volunteers. Arch Gen Psychiatry 1992; 49: 21–8.

Insel TR. Toward a neuroanatomy of obsessive-compulsive disorder. Arch Gen Psychiatry 1992; 49: 739–44.

Insel TR, Gillin JC, Moore A, Mendelson WB, Loewenstein R, Murphy DL. Sleep in obsessive-compulsive disorder. Arch Gen Psychiatry 1982; 93: 1372–7.

Insel TR, Mueller EA, Alterman I, Linnoila M, Murphy DL. Obsessive-compulsive disorder and serotonin: Is there a connection? Biol Psychiatry 1985; 20: 1174–85.

Jacobsen FM. Risperidone in the treatment of affective illness and obsessive-compulsive disorder. J Clin Psychiatry 1995; 56: 423–9.

Jaspers K. Allgemeine Psychopathologie. 1. Aufl. 1912. 9. Unver. Aufl. Berlin, Heidelberg, New York: Springer 1973.

Jenike M, Brotman A. The EEG in obsessive-compulsive disorder. J Clin Psychiatry 1984; 45: 122–4.

Joffe RTK, Swinson RP. Methylphenidate in primary obsessive-compulsive disorder. J Clin Psychopharmacol 1987; 7: 420–2.

Kallinke D, Lutz R, Ramsay RW (Hrsg.). Die Behandlung von Zwängen. Eine verhaltens-therapeutische Kontroverse. München: Urban & Schwarzenberg 1979.

Kanfer FH. The Limitations of Animal models in Understanding Anxiety. In: Anxiety and the Anxiety Disorders. Thuma AH, Maser JD (eds). Hillsdal, N.Y: Erlbaum 1985.

Kanfer FH, Reinecker H, Schmelzer D. Selbstmanagement-Therapie. Heidelberg: Springer 1996.

Karno M, Golding JN, Sorenson SB, Burman MA. The epidemiology of obsessive-compulsive disorders in five US-Communities. Arch Gen Psych 1988; 4: 1094–9.

Kasvikis Y, Marks IM. Clomipramine, self-exposure and therapist-aided exposure in OCD: Two-year follow-up. J Anx Dis 1988; 2: 291–8.

Katz RJ, DeVeaugh-Geiss J. The antiobsessional effects of clomipramine do not require concomitant affective disorder. Psychiatry Res 1989; 31: 121–9.

Katz RJ, DeVeaugh-Geiss J, Landau P. Clomipramine in obsessive-compulsive disorder. Biol Psychiatry 1990; 28: 401–14.

Khanna S, Mukundan CR, Channabasavanna SM. Frontal lobe involvement in obsessive compulsive disorder: electroencephalographic evidence. In: New directions in affective disorders. Lerer B, Gershon S (eds.). New York: Springer 1989; 432–4.

Khanna S, Mukundan CR, Channabasavanna SM. Middle latency evoked potentials in obsessive-compulsive disorder. Biol Psychiatry 1989; 25: 980–3.

Klepsch R, Zaworka W, Hand I, Lünenschloß K, Jauerning G. Hamburger Zwangsinventar – Kurz-form (HZI-K). Weinheim: Beltz 1993.

Koran LM, McElroy SL, Davidson JRT, Rasmussen SA, Hollander E, Jenike MA. Fluvoxamine versus Clomipramine for obsessive-compulsive disorder: a double-blind comparison. J Clin Psychopharmacol 1996; 16: 121–9.

Kraepelin E. Psychiatrie. Ein Lehrbuch für Studierende und Ärzte. 8. Aufl. IV. Leipzig: Barth 1915.

Kuskowski MA, Malone SM, Kim SW, Dysken MW, Okaya AJ, Christensen KJ. Quantitative EEG in obsessive-compulsive disorder. Biol Psychiatry 1993; 33: 423–30.

Lakatos A. Kognitiv-behaviorale Therapie von Zwangsstörungen. Prax Klin Verhaltensmed Rehab 1994; 26: 99–106.

Lang PJ. A bio-informational theory of emotional imagery. Psychophysiology 1979; 16: 495–512.

Lesch KP. Psychobiologie der Zwangskrankheit. Fortschr Neurol Psychiat 1991; 59: 404–12.

Lesch KP, Hoh A, Schulte HM, Osterheider M, Müller T. Long-term fluoxetine treatment decreases 5-HT1A receptor responsivity in obsessive-compulsive disorder. Psychopharmacology 1991; 105: 415–20.

Locatelli M, Bellodi L, Grassi B, Scarone S. EEG power modifications in obsessive-compulsive disorder during olfactory stimulation. Biol Psychiatry. 1996; 39: 326–31.

Lopes-Ibor I, Fernandez-Cordoba E. La monochlorempramina en informos resistentes a otros tratamientos. Actas Uso Ep Neurol Psyquiatr 1967; 16: 119–47.

Lucey JV, Butcher G, Clare AW, Dinan TG. The anterior pituitary responds normally to protirelin in obsessive-compulsive disorder: evidence to support a neuroendocrine serotonergic deficit. Acta Psychiatr Scand 1993; 87: 384–8.

Lucey JV, O'Keane V, Butcher G, Clare AW, Dinan TG. Cortisol and prolactin responses to d-fenfluramine in non-depressed patients with obsessive-compulsive disorder: a comparison with depressed and healthy controls. Br J Psychiatry 1992, 161: 517–21.

Lucey JV, Costa DC, Blanes T, Busatto GF, Pilowsky LS, Takei N, Marks IM, Ell PJ, Kerwin RW. Regional cerebral blood flow in obsessive-compulsive disordered patients at rest. Differential correlates with obsessive-compulsive and anxious-avoidant dimensions. Br J Psychiatry 1995;167: 629–34.

Malloy P, Rasmussen S, Braden W, Haier R. Topographic evoked potential mapping in obsessive-compulsive disorder: evidence of frontal lobe dysfunction. Psychiatry Res 1989; 28: 63–71.

Marks IM. Fears, phobias and rituals. Panic, anxiety and their disorders. New York: Oxford University Press 1987.

Marks IM, Hodgson R, Rachman S. Treatment of chronic obsessive-compulsive neurosis by in-vivo exposure. Br J Psychiatry 1975; 127: 349–64.

Marks IM, Stern RS, Maurson D, Cobb J, McDonald R. Clomipramine and exposure for obsessive-compulsive rituals. Br J Psychiatry 1980; 136: 1–25.

Marks IM, Lelliot P, Basoglu M, Noshiravani H, Moneiro W, Cohen D, Kasvikis Y. Clomipramine, self-exposure and therapist-aided exposure for obsessive-compulsive rituals Br J Psychiatry 1988; 152: 522–34.

Matsunaga H, Kiriike N, Miyata A, Nishiura T, Nagata T, Yoshida M, Yamagami S. Event-related potentials (ERPs) in patients with obsessive-compulsive disorder. In: Recent advances in event-related brain potential research. Ogura C, Koga Y, Shimokochi M (eds.). Elsevier Science 1996; 1038–43.

Mavissakalian N, Hamann MS, Jones B. Acomparison of DSM-III, personality disorders in panic/agoraphobia and obsessive-compulsive disorder. Compr Psychiat 1990; 31 (3): 238–44.

McNally RJ. Preparedness and Phobias. A Review. Psychol Bull 1987; 101: 283–303.

McBride PA, DeMeo MD, Seeney JA, Halper J, Mann JJ, Shear MK. Neuroendocrine and behavioral responses to challenge with the indirect serotonin agonist dl-fenfluramine in adults with obsessive-compulsive disorder. Biol Psychiatry 1992; 31: 19–34.

McDougle CJ. Haloperidol addition in fluvoxamine-refractory obsessive-compulsive disorder: a double-blind, placebo-controlled study in patients with and without tics. Arch Gen Psychiatry 1994a; 51: 302–8.

McDougle CJ, Goodman WK, Price LH, Delgado PL, Krystal JH, Charney DS, Heninger GR. Neuroleptic addition in fluvoxamine-refractory obsessive-compulsive disorder. Am J Psychiatry 1990; 147: 652–4.

McDougle CJ, Goodman WK, Leckman JF, Barr LC, Heninger GR, Price LH. The efficacy of fluvoxamine in obsessive-compulsive disorder: effects of comorbid chronic tic disorder. J Clin Psychopharmacol 1993;13: 354–8.

McDougle CJ, Goodman WK, Price LH. Dopamine antagonists in Tic-related and psychotic spectrum obsessive-compulsive disorder. J Clin Psychiatry 1994b; 55: 24–31.

McGuire PK, Bench CJ, Frith CD, Marks IM, Frackowiak RSJ, Dolan RJ. Functional anatomy of obsessive-compulsive phenomena. Br J Psychiatry 1994;164: 459–68.

Meyer V, Levy R, Schnurer A. The behavioral treatment of obsessive-compulsive disorder. In: Obsessional States. Beech HR (ed.). London: Methuen und Co 1974.

Milanfranchi A, Marazziti D, Pfanner C, Presta S, Lensi P, Ravagli S, Cassano GB. Comorbidity in obsessive-compulsive disorder: Focus on depression. Europ Psychiat 1995; 10: 379–82.

Mindus P, Rasmussen SA, Lindquist C. Neurosurgical treatment for refractory obsessive-compulsive disorder: Implications for understanding frontal lobe function. J Neuropsychiatry 1994; 6: 467–77.

Minichiello WE, Baer L, Jaenike NA, Holland A. Age of Onset of Major Subtypes of Obsessive-Compulsive Disorder. J Anx Disord 1990; 4: 147–50.

Modell JG, Mountz JM, Curtis GC, Greden JF. Neurophysiological dysfunction in basal ganglia/limbic striatal and thalamocortical circuits as a pathogenetic mechanism of obsessive-compulsive disorder. Neuropsychiatry 1989; 1: 27–36.

Monteleone P, Catapano F, Di Martino S, Maj M. Serotonergic function in obsessive-compulsive disorder. Europ Neuropsychopharmacol 1996; 6 (suppl 3): 70.

Montgomery SA. Clomipramine in obsessional neurosis: a placebo-controlled trial. Pharm Med 1980; 1: 189–92.

Montgomery SA, Montgomery DB, Fineberg N. Early response with clomipramine in obsessive-compulsive disorder. A placebo controlled study. Prog Neuro-Psychopharmacol & Biol Psychiat 1990; 14: 719–27.

Montgomery SA, McIntyre SA, Osterheider M. A double-blind placebo-controlled study of fluoxetine in patients with DSM-III-R obsessive-compulsive disorder. Eur Neuropsychopharmacol 1993; 3: 143–52.

Morell M. Du délir émotif. Archives du general medicine 1866; 7: 385, 530, 700.

Mowrer OH. On the dual nature of learning – a re-interpretation of "conditioning" and "problem solving". Harvard Educational Review 1947; 17: 102–48.

Osterheider M. Trends in der medikamentösen Therapie bei Zwangsstörungen. Fortschr Neurol Psychiat 1995; 63: 23–7.

O'Sullivan G, Noshirvani H, Marks I, Monteiro W, Lelliott P. 6 year follow-up after exposure and Clomipramine-therapy for obsessive-compulsive disorder. J Clin Psychiatry 1991; 52: 150–5.

Pato MT, Zohar-Kadouch R, Zohar J, Murphy DL. Return of symptoms after discontinuation of clomipramine in patients with obsessive-compulsive disorder. Am J Psychiatry 1988; 145: 1521–5.

Pato MT, Pigott TA, Hill JL, Grover GN, Bernstein SE. Murphy DL. Controlled comparison of buspirone and clomipramine in obsessive-compulsive disorder. Am J Psychiatry 1991; 148: 127–9.

Perros P, Young ES, Ritson JJ, Price-GW, Mann P. Power spectral EEG analysis and EEG variability in obsessive-compulsive disorder. Brain Topogr 1992; 4: 187–92.

Pigott TA, Pato MT, Bernstein SE. Controlled comparison of clomipramine and fluoxetine in the treatment of obsessive-compulsive disorder. Arch Gen Psychiatry 1990; 47: 926–32.

Pigott TA, Pato MT, L'Heureux F, Hill JL, Grover GN, Bernstein SE, Murphy DL. A controlled comparison of adjuvant lithium carbonate or thyroid hormone in clomipramine-treated patients with obsessive-compulsive disorder. J Clin Psychopharmacol 1991; 11: 242–8.

Pigott TA, Hill JL, Grady TA, L'Heureux FL, Bernstein S, Rubenstein CS, Murphy DL. A comparison of the behavioral effects of oral versus intravenous mCPP administration in OCD patients and the effect of metergoline prior to IV mCPP. Biol Psychiatry 1993; 33: 3–14.

Prichep LS, Mas F, Hollander E, Liebowitz M, John ER, Almas M, DeCaria CM, Levine RH. Quantitative electroencephalographic subtyping of obsessive-compulsive disorder. Psychiatry Res 1992; 50: 25–32.

Rachmann S. The conditioning theory of fear-acquisation: a critical examination. Behav Res and Ther 1977; 22: 259–65.

Rachman S. Anatomy of obsessions. Behav Anal and Mod 1978 ; 2: 253–78.

Rachman S, DeSilva P. Abnormal and normal obsessions. Behav Res Ther 1978; 16: 233–48.

Rachman SJ, Hodgson RJ. Obsession and Compulsion. Englewood Cliffs. New York: Prentice Hall 1980.

Rapoport JL, Wise SP. Obsessive-compulsive disorder: evidence for basal ganglia dysfunction. Psychopharmacol Bull 1988; 24: 380–4.

Rasche-Räuchle H, Winkelmann G, Hohagen F. Zwangsstörungen – Diagnose und Grundlagen. Extracta Psychiat 1995; 9 (5): 22–31.

Rasmussen SA. Genetic studies on obsessive compulsive disorder. In: Obsessive compulsive disorder. Hollander E, Zohar J, Marazziti D, Olivier B (eds). Chichester: John Wiley & Sons 1994; 105–14.

Rasmussen SA, Eisen IL. Phenomenology of OCD: Clinical Subtypes, Heterogenity and Coexistence. In: The Psychobiology of Obsessive-Compulsive Disorder. Zohar I, Insel TR, Rasmussen SA (eds.). New York: Springer 1991.

Rauch SL, Jenike MA, Alpert NM et al. Regional cerebral blood flow measured during symptom provocation in obsessive-compulsive disorder using oxygen 15-labeled carbon dioxide and positron emission tomography. Arch Gen Psychiatry 1994; 51 62–70.

Reinecker HS. Zwangshandlungen und Zwangsgedanken. In: Lehrbuch der klinischen Psychologie. Reinecker HS (Hrsg.). Göttingen: Hogrefe 1990.

Reinecker HS. Zwänge: Diagnose, Theorien und Behandlung. Bern, Göttingen, Toronto: Huber 1991.

Reinecker HS. Zwänge: Diagnose, Theorien und Behandlung. 2. Aufl. Bern: Huber 1994.

Reinecker HS, Zaudig M. Langzeiteffekte bei der Behandlung von Zwangsstörungen. Lengerich, Berlin, Scottsdale, Wien, Zagreb: Pabst 1995.

Reinecker HS, Zaudig M, Erlbeck R, Gokeler I, Hauke W. Die Langzeit-Follow-up-Studie Windach. Prax klin Verhaltensmed Rehab 1994; 26: 77–82.

Robins LN, Locke BZ, Regier DA. An overview of psychiatric disorders in America. In: Psychiatric disorders in America: The Epidemiologic Catchment Area Study. Robins LN and Regier DA (eds.). New York: The Free Press 1991.

Robinson D, Wu H, Munne RA, Ashtari M, Alvir JM, Lerner G, Koreen A, Cole K, Bogerts B. Reduced caudate nucleus volume in obsessive-compulsive disorder. Arch Gen Psychiatry 1995; 52: 393–8.

Rockstroh B, Elbert T, Canvan A, Lutzenberger W, Birbaumer N. Slow cortical potentials and behaviour. München: Urban & Schwarzenberg 1989.

Ruegg RG, Evans DL, Comer WS, Golden RN. Lithium augments fluoxetine treatment of obsessive-compulsive disorder. Lithium 1992; 3: 69–76.

Salkovskis PM, Kirk J. Obsessional disorders. In: Cognitive-Behaviour Therapy for Psychiatric-Problems. Hawton K, Salkovskis PM, Kirk JW, Clark DM (eds). Oxford: Oxford University Press 1986.

Salkovskis PM, Warwick HMC. Cognitive therapy of obsessive-compulsive disorder. In: The Theory and Practice of Cognitive Therapy. Perris C, Blackburn IM, Perris H (eds.). Heidelberg: Springer 1988.

Salkovskis P, Kirk J. Zwangssyndrome. In: Lehrbuch der Verhaltens-therapie. Markgraf J (Hrsg.). Heidelberg: Springer 1996.

Saß H, Wittchen H-U, Zaudig M. Diagnostisches und Statistisches Manual Psychischer Störungen – DSM-IV. Übersetzung und Bearbeitung der 4. Aufl. des DSM-IV. Göttingen, Bern, Toronto, Seattle: Hogrefe 1996.

Savage CR, Weilburg JB, Duffy FH, Baer L, Shera DM, Jenike MA. Low-level sensory processing in obsessive-compulsive disorder: An evoked potential study. Biol Psychiatry. 1994; 35: 247–52.

Schwartz JM, Stoessel PW, Baxter LR, Martin KM, Phelps ME. Systematic changes in cerebral glucose metabolic rate after successful behavior modification treatment of obsessive-compulsive disorder. Arch Gen Psychiatry 1996; 53: 109–13.

Seligmann MEP, Johnston JC. A cognitive theory of avoidance learning. In: Contemporary approaches to conditioning and learning. McGuigan FJ, Lumsden DB (eds.). New York: Wiley 1975.

Serra FP, Palma V, Nolfe G, Buscaino GA. An electrophysiological study in obsessional compulsive disorders. Acta Neurol Napoli 1994; 16: 240–8.

Shagass C, Roemer RA, Straumanis JJ, Josiassen RC. Evoked potentials in obsessive-compulsive disorder. Adv biol Psychiat 1984; 15: 69–75.

Silvestre J und Aronowitz BR. Behavioral treatment of ocd. In: Obsessive-compulsive disorder-Diagnosis, Etiology, Treatment, Hollander E, Stein DJ (eds.). New York, Basel, Hong Kong: Marcel Dekker INC 1997: 225–55.

Simeon JG, Thatte S, Wiggins D. Treatment of adolescent obsessive-compulsive disorder with clomipramine-fluoxetine combination. Psychopharmacol Bull 1990; 26: 285–90.

Soyka M, Niederecker M, Meyendorf R. Erfolgreiche Behandlung eines therapieresistenten Zwangssyndroms durch Elektrokrampftherapie. Nervenarzt 1991; 62: 448–50.

Steketee G. Personality traits and disorders in obsessive-compulsives. J Anx Disord 1990; 4 (4): 351–64.

Sternbach H. The serotonin syndrome. Am J Psychiatry 1991; 148: 705–13.

Süllwold L, Herrlich J, Volk S. Zwangskrankheiten: Psychobiologie, Verhaltenstherapie, Pharmakotherapie. Stuttgart, Berlin, Köln: Kohlhammer 1994.

Thorén P, Asberg M, Bertilsson L, Mellström B, Sjöqvist F, Träskman L. Clomipramine treatment of obsessive-compulsive disorder: Biochemical aspects. Arch Gen Psychiatry 1980; 37: 1289–94.

Thorén P, Asberg M, Cronholm B, Jörnestedt L, Träskman L. Clomipramine treatment of obsessive-compulsive disorder. Arch Gen Psychiatry 1980; 37: 1281–5.

Thornicroft G, Colson L, Marks IM. An in-patient behavioral psychotherapy unit: Description and audit. Br J Psychiatry 1991; 158: 362–7.

Tollefson GD. Alprazolam in the treatment of obsessive symptoms. J Clin Psychopharmacol 1985; 5: 39–42.

Torres RA, Del-Porto JA. Comorbidity of obsessive-compulsive disorder and personality disorders. A Brazilian study. Psychopathol 1995; 28 (6): 322–9.

Towey J, Bruder G, Tenke C, Leite P, DeCaria C, Friedman D, Hollander E. Event-related potential and clinical correlates of neurodysfunction in obsessive-compulsive disorder. Psychiatry Res 1993; 49: 167–81.

Tuke TH. Imperative Ideas. Brain, 1894; 17: 179–97.

Turner SM, Jacob RG, Beidel DC, Himmelhoch J. Fluoxetine treatment of obsessive-compulsive disorders. J Clin Psychopharmacol 1985; 5: 207–12.

Visser S, Hoekstra RJ, Emmelkamp PMG. Long-term follow-up study of obsessive-compulsive patient after exposure treatment. In: Perspectives and promises of clinical psychology. Ehlers A, Fiegenbaum W, Florin J, Margraf J (eds.). 1992.

Volavka J, Neziroglu F, Yaryura-Tobias JA. Clomipramine and Imipramine in obsessive-compulsive disorder. Psychiatry Res 1984, 14: 85–93.

Volk S. Medikamentöse Behandlung von Zwangsstörungen – eine vergleichende Betrachtung der Wirksamkeit von Clomipramin und Fluoxetin. Fortschritt Neurol Psychiatr 1995; 63: 28–32.

Westphal C. Über Zwangsvorstellungen. Arch Psychiat Nerven 1878; 8: 734–50.

Winkelmann G, Hohagen F. Zwangsstörungen – stationäre Verhaltenstherapie. Fortschritt Neurol Psychiatr 1995; 63: 19–22.

Wittchen H-U. Critical issues in evaluation of comorbidity of psychiatry disorders. J Psychiat 1996; 168 (Suppl.30): 9–16.

Wittchen H-U, Zerssen D. Verläufe behandelter und unbehandelter Depressionen und Angststörungen. Berlin: Springer Verlag 1988.

Wittchen H-U, Vossen A. Implikationen von Comorbidität bei Angststörungen. Ein kritischer Überblick. Verhaltenstherap 1995; 5: 120–33.

Wittchen, H-U, Saß H, Zaudig M, Koehler K. Deutsche Bearbeitung und Einführung des Diagnostischen und Statistischen Manuals Psychischer Störungen. DSM-III-R. 3. rev. Aufl. Weinheim, Basel: Beltz 1989.

Wohlfahrt A. Elektrokrampftherapie bei Zwangssyndromen. Nervenarzt 1996; 67: 397–9.

Wolpe J. Psychotherapy and reciprocal inhibition. Stanford: Stanford University Press 1958.

World Health Organization (WHO). ICD-10. Chapter V. Mental and Behavioral Disorders. Diagnostic Guidelines. Genf 1992.

World Health Organization (WHO). ICD-10. Chapter V. Mental and Behavioral Disorders. Diagnostic Criteria for Research. Genf 1993.

Zaworka W, Hand I, Jauernig G, Lünenschloß K. Hamburger Zwangsinventar (HZI). Fragebogen zur Erfassung von Zwangsgedanken und Zwangsverhalten. Weinheim: Beltz 1983: Manual.

Zohar J, Insel TR. Obsessive-compulsive disorder: psychobiological approaches to diagnosis, treatment, and pathophysiology. Biol Psychiatry 1987; 22: 667–87.

Zohar J, Judge R and the OCD Paroxetine Study Investigators. Paroxetine versus Clomipramine in the treatment of obsessive-compulsive disorder. Brit J Psychiatry 1996; 169: 468–74.

Sachregister

Meermann/Vandereycken (Hrsg.)
Verhaltenstherapeutische Psychosomatik
Klinik, Praxis, Grundversorgung

2., überarbeitete und erweiterte
Auflage 1996. 475 Seiten,
31 Abbildungen, 55 Tabellen, geb.
DM 99,–/öS 723,–/sFr 95,–
ISBN 3-7945-1656-7

Die Verhaltenstherapie hat sich in der gegenwärtigen medizinischen und psychotherapeutischen Versorgung als unentbehrliches Verfahren etabliert.

Bereits die erste Auflage des Buches fand großen Anklang. Die 2. Auflage wurde vollständig überarbeitet und erweitert und bietet praxisorientierte Grundlagen für die psychiatrische und psychotherapeutische Aus- und Weiterbildung.

Ein Standardwerk für alle Ärzte, Diplompsychologen und verhaltenstherapeutischen Kotherapeuten mit psychosomatischem Aufgabenfeld.

Ahrens (Hrsg.)
Lehrbuch der psychotherapeutischen Medizin

1997. 656 Seiten, 19 Abbildungen,
19 Tabellen, geb.
DM 98,–/öS 715,–/sFr 94,–
ISBN 3-7945-1627-3

Mit der Einführung der Fachgebietsbezeichnung „Psychotherapeutische Medizin" und der Aufnahme der Psychotherapie in die psychiatrische Weiterbildung hat diese Disziplin erheblich an Bedeutung gewonnen.

Das Buch vermittelt einen fundierten und didaktisch einprägsamen Überblick über das gesamte Gebiet.

Die Beiträge dieses Lehrbuchs wurden von mehr als 50 fachlich besonders ausgewiesenen Autorinnen und Autoren verfaßt. Durch einen einheitlichen Gliederungsrahmen und die sorgfältige Regie des Herausgebers wurde erreicht, daß es gleichzeitig ein Werk aus einem Guß ist.

PSYCHOTHERAPIE

Barocka (Hrsg.)
Psychopharmakotherapie
in Klinik und Praxis

1998. 271 Seiten, 72 Abbildungen,
63 Tabellen, kart.
DM 59,–/öS 431,–/sFr 54,–
ISBN 3-7945-1842-X

Das Buch greift das konkrete Bedürfnis der psychiatrischen Praxis nach einem übersichtlichen, benutzerfreundlichen Nachschlagewerk für die moderne Therapie mit Psychopharmaka auf. Wichtige Substanzen aus den Gruppen der Antidepressiva, Neuroleptika, Hypnotika, Nootropika, Phytopharmaka u. a. werden nach einem einheitlichen Schema vorgestellt. Daraus resultiert eine optimale Vergleichbarkeit der Präparate.

Buchheim (Hrsg.)
**Psychotherapie
und Psychopharmaka**
Störungsorientierte Behandlungsansätze
– kombinierte Therapie

1997. 206 Seiten, 6 Abbildungen,
20 Tabellen, kart.
DM 49,–/öS 358,–/sFr 46,–
ISBN 3-7945-1766-0

Die Autoren informieren kompetent und verständlich über die aktuellen psychodynamischen, verhaltenstherapeutischen und psychopharmakologischen Ansätze und ihre Kombinationen zur Behandlung der wichtigsten psychiatrischen Störungen.

Boerner/Gülsdorff/Margraf/
Osterheider/Philipp/Wittchen
Die Panikstörung
Diagnose und Behandlung

1997. 112 Seiten,
10 Abbildungen, 52 Tabellen, kart.
DM 39,–/öS 285,–/sFr 36,–
ISBN 3-7945-1887-3

▶ Leitlinien für die psychiatrisch-psychotherapeutische Praxis
▶ Überzeugende Therapiealternativen, die differenziert nach Störungsgrad, Komorbidität, Verfügbarkeit und Patientenwunsch einsetzbar und gegebenenfalls kombinierbar sind